ちくま新書

ドル化とは何か

——日本で米ドルが使われる日

土田陽介
Tsuchida Yosuke

1443

ドル化とは何か——日本で米ドルが使われる日

【目次】

はじめに　歴史的なドル高の裏で進むドル化

2018年10月、米ドルは歴史的な高値を付けた。国際決済銀行（BIS）が公表する名目実効レート（ドルの総合的な価値を図るために、主要61か国の貿易量を考慮して算出した為替レート）は02年度の値を上回り、過度なドル高を是正すべく行われたプラザ合意（1985年）以来の高さを記録した（図序-1）。

その背景にあるのは米国経済の長期的な強さだった。当時、実質経済成長率は3%近くまで上昇し、物価上昇率も中央銀行であるFRB（連邦準備制度理事会）が目標とする2%を超えていた。そうしたなかで、FRBは他の先進諸国に先駆けて利上げを開始し、2015年12月以降、金融政策を着実に引き締めてきた。

この流れを好感し、世界中のマネーが米国に流入することになった。結果、米ドルの価値は歴史的な高値圏まで上昇したのである。19年に入るとFRBは、世界景気の減速などから当面の間は追加利上げを見送る可能性を示唆したが、さらにドル安志向が強いトランプ大統領の圧力に屈し、19年7月には10年ぶりとなる利下げを行った。

しかし、トランプ大統領が中国をはじめとする各国に圧力をかければかけるほど、安全資産として米ドルは買われることになる。米国発の世界的な金融危機が再び生じでもしない限り、米ドルはしばらく歴史的な高値圏で推移するだろう。

ところで、米ドルが歴史的な高値にあるということは、他の通貨の為替レートが下落したということでもある。とりわけ新興国の通貨の下落は深刻であり、いくつかの国、例えばロシアや南アフリカの通貨は大幅に下落し、本書がケーススタディとして扱うトルコとアルゼンチンは、為替レートの暴落によって通貨危機に陥った。

為替レートが暴落すると一体何が起きるのか。まず海外への支払いに窮するため、輸入が滞るようになる。加えて輸入品の値段も上がり、消費も低迷する。1ドルが100円から200円になれば輸入品の価格は倍になり、消費者は買い控えるからだ。当然、景気は悪化してしまう。

インパクトローン（外貨建てローン）を借りていれば、返済負担がいっきに重くなるだろう。1ドル100円のときに100万ドル（1億円）の融資を受けた場合、1ドルが200円になると、円で見た返済額はそのまま倍の2億円になる。返済負担が重くなれば消費や投資は手控えられ、やはり景気は悪化するのである。

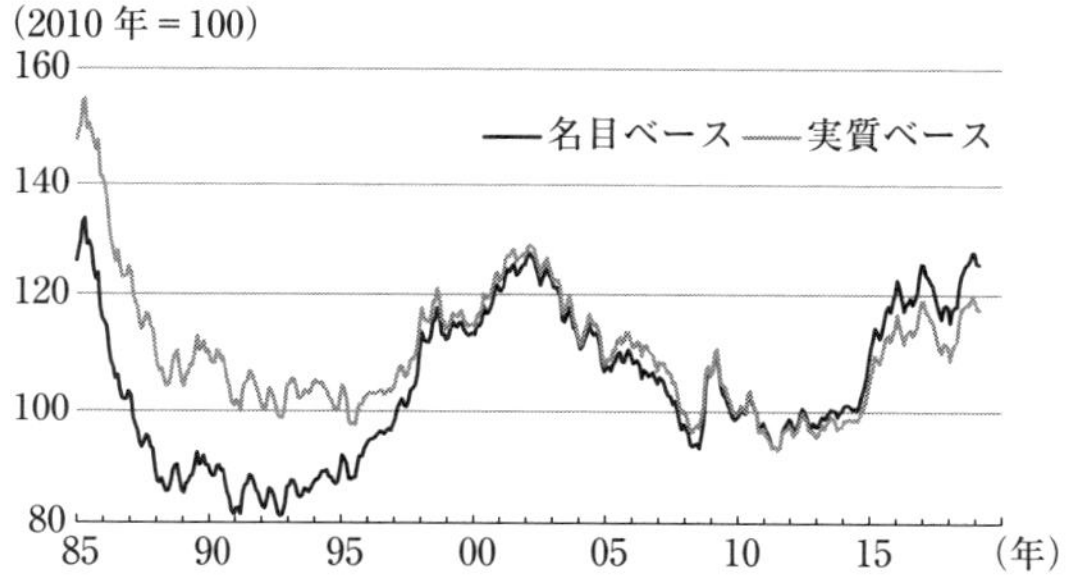

図序－1　ドルの実効為替レートの推移
(注) 1993年までは27ヶ国ベース
(出所) 国際決済銀行 (BIS)

他方で、為替レートの暴落が競争力の改善につながり、輸出が増えるケースもある。1ドル100円のときに2万ドル（200万円）の新車を輸出した場合、1ドルが200円に暴落すると、半額の1万ドルで支払いが済んでしまうからだ。ただこうしたメリットを受けることができる国は実はそう多くはない。

さて、この歴史的なドル高を受けて、いわゆる「ドル化」と呼ばれる現象が新興国を中心に進んだ。ドル化とは、自国通貨と共に、米ドルなどの外国通貨を利用する経済現象である。一般的に新興国では、米ドル以外にもユーロや日本円といった先進国の通貨が使われており、これも広い意味でドル化（あるいは通貨代替）と呼ばれている。

通貨が不安定な新興国に住む人々からすれば、資産防衛の観点から米ドルで貯蓄を行うことは非常に合理的な経済活動だ。明日にも下落するかもしれない自国通貨を持っておくより、安定した外国通貨で貯蓄を行う。そして、日々の為替レートの水準を鑑みて、使う分だけ自国通貨に戻せばいい。

ただ、新興国の政府や中央銀行からすれば、ドル化は非常に厄介な問題である。政府は財政政策を、中銀は金融政策を用いて経済運営を担うが、それは自国通貨を通じて行われる。ドル化が進み、外国通貨の利用頻度が高まれば高まるほど、新興国の政府や中銀による自律的な経済運営は困難になる。

このドル化現象は日本でも着実に進行している。資産運用の観点から、高齢者層を中心に外国通貨や外国債券を買う人々が増えているためである。今はまだ一手段にとどまっているが、将来的には日々の決済や交換にあたっても、米ドルが使われる時代が来るかもしれない。

いまや日本は、先進国最悪と言われる財政を抱えている。通貨の信認は、基本的には財政への信認に基づくものだ。現状、日本の財政は、中銀である日本銀行が国債を購入することに支えられている。これは本来、財政への信認を揺るがす可能性があるため「ご法度」とされてきた手段である。

政府は赤字だが民間は黒字であり、それが円の信認をサポートしている部分もある。だが企業の黒字（海外収益）が盤石でも、少子高齢化に伴い家計が貯蓄を切り崩すことを考えれば、民間全体の黒字は今後減少していくだろう。そうした意味でも日本円の信認はかなり危うい橋を渡っていると言っていい。

この危うい橋が崩落してしまったとき、日本円の暴落は現実のものになる。景気は悪化し、円資産の価値は下落する。そして円安に歯止めがかからなくなれば、新興国と同様に日本でも、日々の支払いに米ドルが使われる日が来ることになる。将来的に、誰も日本円を信用しない時代が到来するかもしれないわけだ。

本書の副題は「日本で米ドルが使われる日」である。あまり考えたくないことだが、その足音が着実に忍び寄っているというのが、本書のメッセージだ。言い換えれば、そうした事態に陥らないためにも、通貨の信認という観点から、今の日本の経済運営を見直す必要があるのではないかという問いかけでもある。

本書では、歴史的なドル高の裏で、新興国を中心に進んだドル化という経済現象に焦点を当てて、その問題点を検討していく。また、ドル化は通貨危機の延長で生じた経済現象でもある。第二次大戦後の世界経済は幾度となく通貨危機を経験してきたが、ドル化が進んだケースもあれば、進まなかったケースもある。そうした違いはいったいどこから生まれてくるのだろうか。

こうした関心から、戦後世界各国で生じた通貨危機の経験もいくつか取り上げ、その特徴をドル化という視点で検討していく。そのうえで、通貨危機とドル化の足音が着実に忍び寄る日本経済の現状を分析することにしたい。

本書の構成は以下のとおりである。

第1章では、本書が取り上げる「ドル化」の定義を明らかにしていく。具体的には、自国通貨の信認が失われる過程で生じるドル化（非公式なドル化）の問題点について整理し、そのうえで日本でも観察されるドル化の事例を紹介したい。

第2章では、基軸通貨としての米ドルの性格や、その役割を整理することを通じて、ドル化が圧倒的に米ドルで生じている理由について考えていく。準備通貨としての利用状況や外為市場での交換状況、資金調達手段としての利用状況を確認することで、米ドルの存在感が圧倒的である理由を解き明かしてみたい。

第3章では、非公式なドル化が経済の発展を阻むケースとして、トルコで起きた現象について論じていく。トルコは18年8月10日に通貨危機に陥ったが、それ以前にも幾度かの通貨危機に見舞われている。そうした結果進んだ非公式なドル化が、トルコの経済発展をどう阻んでいるのかを明らかにしたい。

第4章では、非公式なドル化が国力の衰退をもたらしたケースとして、アルゼンチンの経験を読み解いていく。第二次大戦前は先進国であったアルゼンチンもまた、戦後は度重なる通貨危機に見舞われ、非公式なドル化が深刻化した。その結果、中進国に没落し、現在も通貨危機とドル化による負のスパイラルに喘いでいる。

第5章では、ドル化と関連が深い通貨危機の問題について考えてみたい。そもそも通貨危機とは何か、そして通貨危機はなぜ生じるのか。非公式なドル化につながる通貨危機と、つながらない通貨危機の違いはいったいどこにあるのだろうか。

以上を踏まえて、第6章では、非公式なドル化が日本で進むこと、つまり「日本で米ドルが使われる日」が来る可能性について検討していく。その作業を通じて、日本では軽視されている「通貨の安定」という論点こそ、少子高齢化が進む現代において最も重要ではないかと問いかけていきたい。

第 1 章

ドル化とは何か
――通貨の信認が低下した世界

ドル化の主役、米ドル

本章では、まずドル化の特徴や問題点を整理してみたい。ドル化とは、自国通貨と共に米ドルなどの外国通貨を利用する経済現象である。それが各国の政策当局の意図に基づいて自発的に導入されたものなのか、それとも自国通貨の信認が失われる過程で生じたものなのかで、その意味合いは大きく変わってくる。

本書が特に議論するのは後者のドル化（非公式なドル化）だ。2015年12月以降、米国が利上げを進める中で新興国を中心に進んだ現象である。これは各国の政策当局の意図とは関係なしに進んだドル化そのものである。

まずはドル化について、その特性や特徴ごとに分類・整理し、そのうえで何が問題なのか、それを改善することがなぜ困難なのかを論じていく。さらに読者のイメージが湧きやすいように、日本で生じているドル化現象に関して、簡単な事例を紹介したい。

1　ドル化のタイプ分け

†完全なドル化

ドル化は必ずしもネガティブな側面ばかりではない。通貨政策として正式に採用している国も少なからず存在し、そういった諸国のほとんどがいわゆる小国である。金融政策や通貨政策は大国（米国や欧州連合〔EU〕）の影響を受けやすい。そのため、いっそその裁量を放棄してしまおうと、政府が自発的にドル化を敢行するのだ。

こうした政策は「完全なドル化」と呼ばれ、ある意味では究極の固定為替相場制度になる。国際通貨基金（IMF）が出す最新版（2017年度版）の『為替取極・為替制限年次報告書（AREAER）』によると、この「完全なドル化」政策（ユーロなど他の先進国通貨を含む）を実施している国は13か国存在する（表1－1）。

米ドル	ユーロ	豪ドル
エクアドル	コソボ	キリバス
エルサルバドル	モンテネグロ	ナウル
マーシャル諸島	サンマリノ	ツバル
ミクロネシア連邦		
パラオ		
パナマ		
東ティモール		

表1－1　ドル化政策に用いる法定通貨の種類
（出所）国際通貨基金（IMF）『為替取極・為替制限年次報告書』（2017年版）

米ドルを唯一の法定通貨として利用している国を、具体的にアルファベット順で挙げていくと、エクアドル、エルサルバドル、マーシャル諸島、ミクロネシア連邦、パラオ、パナマ、東ティモール。またユーロを利用している国として、コソボ、モンテネグロ、サンマリノがある。

その他に、キリバスとナウル、ツバルといったオセアニア諸国がオーストラリアの通貨、豪ドルを唯一の法定通貨として利用している。もっとも、これらの諸国は必ずしもみな通貨を発行している国（米ドルなら米国）の許可を得ているわけではなく、一方的にドル化を行っているケースも存在する（例えばモンテネグロなど）。

この「公式的なドル化」に似た通貨制度として、カレンシーボード制がある。この制度は、米ドルやユーロといった主要国の通貨と自国通貨を完全に固定することに特徴がある。専門的に言えば、保有する外貨準備高に応じて自国通貨を発行し、自国通貨と外国通貨の交換を無制限に保証する仕組みだ。

例えば中東欧にあるブルガリアが、1997年からこの制度を導入している。ブルガリアの通貨レフ（複数形はレバ）はカレンシーボード制の下、ユーロと交換比率が固定されている（1ユーロ＝1・95583レバ）。中銀であるブルガリア国立銀行は、この固定した為替レートでユーロとレフの交換を保証している。

一方でブルガリア国立銀行は、自らが保有する外貨準備高と同等のレフしか国内に供給できない。そのため、ユーロを発行する欧州中央銀行（ＥＣＢ）が金融緩和を行い、ユーロ資金が増えれば、自動的にレフの供給が同じだけ増えるという仕組みになる。反対にＥＣＢが金融引き締めを行えば、同じ分だけレフも減少することになる。

一般的な固定相場制度の場合、為替レートは上下数％程度の幅で変動を伴うことが多いが、カレンシーボード制の場合は完全に固定された交換レートでの交換が保証されている。金融政策の自由は完全に放棄されるため、公式的なドル化にかなり近い通貨政策と言えるだろう。

通貨政策から政治の干渉を排除する目的でカレンシーボード制を採用した国もある。バルカン半島の小国、ボスニア・ヘルツェゴビナはその代表例だ。この国は１９９２年から95年にかけて深刻な民族紛争を経験した。言葉を同じくしながら異なる宗教を信仰する三つの民族が、周辺諸国を巻き込む形で激しい武力衝突に陥った。

戦後復興の過程では、民族分布に従った二つのエンティティ（高度な自治権を持つ行政主体）が、一つの国を構成するという特異な政治体制が採られた。しかしながら通貨は二分化されず、民族融和のシンボルとして兌換マルクという通貨が採用された。その際、通貨政策から民族対立の影響を排除するために、カレンシーボード制が導入されたのである。

AREAERによると、17年時点で11の国・地域がこの制度を採用している。いずれの国も今のところ通貨の安定に成功しているが、過去にはこの制度を不完全な形で採用したために失敗した国も存在する。その国とはアルゼンチンであるが、その経験については第4章で論じたい。

†メリットが多い完全なドル化

完全なドル化による最大のメリットは、米ドルを利用するために為替レートが消滅し、通貨が安定することだ。そして通貨が安定すれば、物価も安定することになる。一般的に小国や新興国は国内の生産力が低く、輸入への依存度が高い。そのため、通貨が下落すればインフレが加速せざるを得ないという構造的な特徴を抱えている。通貨の安定を図ることでそうしたリスクを消滅させ、物価の安定を実現するわけだ。

また、完全なドル化は財政の健全化にもつながる。まず金融政策の裁量が放棄されると、財政赤字を金融緩和で補塡することが不可能になる。財政破綻を免れるには財政支出を減らすしか手段が無いため、結果的に財政の健全化が進む。そして財政が健全化すれば金利も低下するため、経済は活性化するのである。

取引コストが低下するというメリットもある。完全にドル化されていれば為替変動によって差損が生じるリスクが消滅するため、消費や投資が活発化し、ひいては経済成長の加速につながると期待される。

メリットがある以上、もちろんデメリットもある。完全なドル化は金融政策や通貨政策の裁量を放棄するものであるため、金融緩和や為替切り下げといった景気刺激策を用いることができなくなる。財政に余裕があれば経済対策が採れるが、余裕がなければ景気悪化を和らげる術が一切なくなってしまう。

同様に金融不安を鎮める手段も、為替レートを通じた内需の調整機能も失われてしまう。ただ小国や新興国の場合、そもそも金融政策や通貨政策が大国（米国やＥＵ）の動きに左右されやすく、その意味で政策の裁量はあってないようなものだ。

シニョリッジ（通貨発行益）を失うというデメリットもある。シニョリッジとは、通貨や紙幣を発行する際の費用と、実際の通貨の額面との価値の差である。日本の場合、政府が発行する硬貨（補助貨幣）についてはシニョリッジが生じる。例えば、５００円玉を発行する際のコストは数十円であるため、４００円以上の差益が発生することになる。

ただし日銀が紙幣（日銀券）を発行することで生じるシニョリッジは、保有する国債から得られる金利収入を意味する。1万円を発行する際のコストは20円ほどとされるが、残りの9980円分のシニョリッジが生じているわけではない。いずれにせよ、完全なドル化を検討するような国ではシニョリッジの規模は小さく、さして問題にならない。

また、一度公式的なドル化に踏み切ると、独自通貨の発行が事実上不可能になるという強い不可逆性（ロックイン効果）がある。そうなると将来的に脱ドル化を目指すことは極めて困難になるため、実施の是非に関しては本来なら慎重な議論が必要だ。

とはいえ、そもそも人的なリソースが限られる小国や新興国では、金融政策や通貨政策の裁量を残しておくよりも、それをいっそ大国に委ねてしまう方が合理的だ。他の領域に注力し、国の発展に努めることができるからである。そう判断した諸国が公式的なドル化に踏み切ったのである。

先のボスニアがカレンシーボード制を導入したように、通貨の運営から政治的な対立の影響を排除する目的で、公式的なドル化政策を採用した国も存在する。中南米のエクアドルやエルサルバドルがまさにそれである。特に2000年1月に公式的なドル化に踏み切ったエクアドルの場合、長期にわたる政治不安が通貨運営のネックとなっていた。

†デメリットが勝る非公式なドル化

政府や中銀の意図とは裏腹に、企業や家計が自発的に米ドルなど主要先進国の通貨を用いることがある。これは「非公式なドル化」と呼ばれる現象であり、程度の差はあるものの、新興国で一般的に生じている。我々日本人も、海外旅行に行くとよく見る光景だ。

例えば東南アジアでホテルに泊まるとき、現地通貨のみならず、米ドルで支払いが可能なことがほとんどである。土産物も米ドルで買えることが多い。現地通貨での不足分をドル紙幣で補塡する様子もよく見られる。米ドル高が進んでいる局面であれば、米ドルで支払う方がむしろ好まれたりもする。

こうした非公式なドル化は、過去に政治的・経済的な混乱に陥った国において根が深い問題だ。そうした国のほとんどは通貨危機やハイパーインフレを経験しており、その記憶が鮮明であるため、資産防衛のために米ドルなど外貨で貯蓄を形成する傾向が強い。

東南アジアでは、ベトナムやカンボジアがドル化の進んだ経済として知られている。ベトナムは第二次大戦後に南北に分裂し、北は当時のソビエト連邦（ソ連）が、南は米国が支援する形で深刻な戦争（1955〜75年）が勃発した。この過程で米軍の影響が強い南ベトナムを中心にドル化が進み、現在も自国通貨のドンと併せて米ドルが利用されている。

カンボジアはポル・ポト率いるクメール・ルージュの支配（1975～79年）下で経済が徹底的に破壊された際に、通貨リエルも廃止された。クメール・ルージュ退場後の1980年にはリエルの発行が再開されたものの、その後の復興・発展の過程でドル化が進んだ。なお国境地帯では、タイのバーツやベトナムのドンも利用されている。

かつてIMFは非公式なドル化が深刻な地域として、長期にわたり政治的に不安定な状況が続いた中南米、計画経済から市場経済への移行を余儀なくされた中東欧、そしてアジア・アフリカの低開発国を挙げていた。現在の米ドル高の局面においても、これらの地域を中心に、再びドル化が進んでいると考えられる。

非公式なドル化が進んでいる国の人々にとって、資産防衛の為に米ドルなどの外貨を持つことは合理的な選択だ。一方で、政府や中銀にとっては非常に頭が痛い問題である。いわゆる「タンス預金」で外貨資産が形成されると、投資に回すことができる自国通貨建ての銀行預金が増えず、金利を引き上げる必要が出てしまう。

ただ金利を引き上げると、今度は貸出が滞ることになる。いつまで経っても投資が増えず、生産力も向上しない。かといって金利を引き下げると、通貨がさらに下落してドル化が進み、貯蓄率は上昇しない。非公式なドル化が進んだ国は、こうしたジレンマからいつまでも抜け出せないのである。

当然ながら、ドル化が進んだ経済は米国の金融政策の影響を受けやすくなる。特に問題となるのが、米国が金融引き締めを行った場合、米国以上に金利を引き上げないと為替レートの下落に歯止めがかからないことである。結果的に大幅な利上げが行われるため、景気に強いブレーキがかかってしまうのだ。

この非公式なドル化は、いわゆる「中進国の罠」（ミドルインカムトラップ）と通じる議論でもある。中進国の罠とは、低開発国が一定の経済発展を遂げて中所得国（一人当たり所得が1万ドル程度）に達した後、経済成長のパターンを変えることができず、長期の景気停滞に陥ってしまう現象である。

中進国の罠に陥った国の多くでは、非公式なドル化が進んでいる。自国通貨への信認が乏しい国の経済は、いつまで経っても金融面で自立的な成長軌道に乗ることができない。通貨の安定性の確保は、とりわけ新興国が経済発展する上で必要不可欠な条件だ。

2　ドル化の改善策

†完全なドル化か脱ドル化か

経済政策の考え方の一つに「二極の解」（ツーコーナーソリューションズ）というものがある。特に通貨政策で支持されており、完全な変動相場制度か完全な固定相場制度か、といった対極的な通貨政策しか持続可能でないというものだ。為替レートの変動をコントロールしようとしても無駄というわけである。

この考え方には異論もあり、例えば中国が採用している管理変動相場制（中央銀行など通貨当局が通貨の変動幅を設けて、その範囲内での取引を認めること）のように、「二極の解」の中間とも言える為替相場制度の運営が成功したケースも存在する。ただどの国でもそうした政策が巧く行くわけではないのも事実である。

ドル化を考える上でも、完全なドル化を目指すのか、脱ドル化を目指すのか、究極のところは二つの解しか存在しないと考えられる。ただし完全なドル化を目指すことができるのはあくまで小国となる。人口数千万人を数えるような大国が完全なドル化を目指すのは現実的な選択とは言えない。

　完全なドル化には米国の容認の下で行われる場合と、法定通貨として一方的に利用する場合がある。本国の了解を取らない後者の場合でも人口が百万人単位ないしそれ以下の小国、あるいは人口が多くても所得水準が低い国ならば、米国にとって大したコストにはならない。

　例えば中米のエルサルバドルと南米のエクアドルは、米国の了解なしに米ドルを唯一の法定通貨にしている。エルサルバドルは人口約640万人、エクアドルは約1700万人と、人口は後述のモンテネグロに比べればはるかに多いものの、一人当たりのGDPはそれぞれ4000ドル、6000ドル台と低く、米ドルに悪影響が及ぶ心配はまずない。

　また中米のパナマは、名目上は米国の承認に基づき、米ドルを法定通貨として利用している。この国は人口一人当たりのGDPが1万ドル程度と、他の中南米2か国よりは高いものの、人口でみると410万人程度の小国である。パナマ運河という物流の要を抱えているパナマの経済が安定するなら、ドル化容認のコストなど米国にとって安いものだ。

　欧州では、中東欧の小国モンテネグロが、法定通貨として一方的にユーロを採用している。モンテネグロの人口は約60万人、一人当たりの所得（ＧＤＰ）も７０００ドル程度である。同国で経済危機が生じても、ユーロを発行するＥＣＢへの悪影響はほとんどない。したがってＥＣＢは黙認している状態にある。

同様に２００８年にセルビアから独立を宣言したコソボも、一方的に公式的なユーロ化を果たしている。同国の人口は１８０万人程度、一人当たり所得は４０００ユーロに満たない欧州の最貧国だ。政治的に長らく不安定であるため、支援的な観点からユーロの利用は事実上容認されている。

しかし人口が数千万人を超えるような経済の場合、例えばロシアやトルコ、アルゼンチンなどの地域大国が完全なドル化を選択することについては、米国は簡単には要認できない。仮にそうした諸国で経済危機が生じた場合、規模が大きいため米国経済（ユーロ化ならＥＵ経済）に強い悪影響が及ぶと懸念されるからだ。

またロシアなどの地域大国にとっても、安全保障上の観点に立てば完全なドル化を志向することは得策とは言えない。これらの国は地政学的に米国と対立関係にあることが多く、いざというときにドル資金が引き揚げられてしまえば、経済活動が回らなくなってしまう。

したがって、相応の経済規模がある国に関しては、自国通貨の信認を回復させながら脱ドル化を図っていくことの方が現実的な選択肢となる。ただし、脱ドル化にはかなり長い時間を要する。そしてその間に、米国が利上げを重ねるなどして世界的な米ドル高が進めば、一連の取り組みが無駄になる可能性がある。

†困難な通貨の信認回復

一度失われた通貨の信認を回復することは容易ではない。非公式なドル化は、政治的・経済的な混乱を反映した現象である。言い換えれば、そうした混乱が一時的に収束したとしても、根底にある構造的な問題が改善しない限り、自国通貨の信認が回復することはないし、非公式なドル化も緩和しないのである。

自国通貨の信認を回復させるためには、米ドルなど安定した通貨との間で固定相場制度を導入することが有効だ。問題は導入のタイミングであり、為替レートが下落しきったと判断される局面で採用しなければならない。経済の実勢に合わない為替レートは維持できないからである。

そのうえで、金融政策の裁量を優先する場合は資本移動を規制しなければならないし、資本移動の自由を確保する場合は金融政策の裁量を放棄しなければならない。これを国際金融のトリレンマというが、金融政策の独立性と自由な資本移動のどちらが優先されるかは、その国の置かれた環境によるため、一概には言えない。

通貨の信認を回復するための取り組みとして特に重要なのが、財政・金融政策の健全な運営である。政府が赤字を垂れ流し、それを中銀が金融緩和で支えるような国の通貨は、いつまで経っても信認を回復することができない。この負の連鎖を解消することが最低条件となる。

加えて、銀行など金融機関の発展が重要な課題になる。自国通貨建ての預金を吸収し、また融資を拡大させるためには、店舗網の拡大や決済機能の向上をはじめとした金融機関の発展が不可欠である。また銀行は、自国通貨と外国通貨の管理を、貸借対応表（バランスシート）における資産と負債の両面で適切に行わなければならない。ＡＬＭ（資産負債管理、アセットライアビリティマネジメント）と呼ばれるものだ。

さらに、政府が規制を行うことも有効だろう。例えば東南アジアのラオスでは、非公式なドル化を改善させるべく、価格表示を自国通貨（キープ）建てに限定するなど、米ドルでの支払いに対する規制を導入した。それによって預金に占める外貨の割合が低下（キープ預金の割合が上昇）するなど、脱ドル化が進んだ経験がある（図１－１）。

自国通貨建ての金融取引に対して、政府が補助金を出すという手段も考えられる。貸出の場合は金利を割り引き、預金の場合は金利を上乗せする。その際のコストを財政がカバーすることで、人々に自国通貨の利用を促すのである。マクロ的な政策だけでは通貨への信認は回復しないため、こうしたミクロ的な政策も必要になるわけだ。

しかしながら、人々が抱いた不信感はなかなか解消しない。不断の努力をもって、文字通り腰を据えて通貨の信認回復に取り組む必要がある。最大の問題は、そうした鉄の意志を持って継続できる政府なり中銀が存在するかどうかである。不屈の精神を持つ賢人などどこにでもいるわけではない。

人々が通貨への信認を完全に失った状況がハイパーインフレだ。南米のベネズエラやアフリカ南

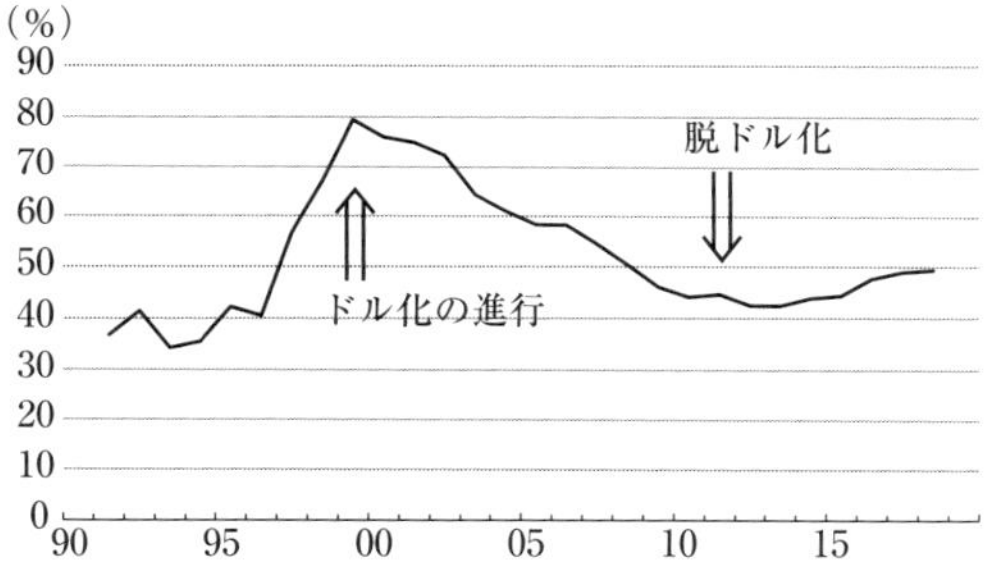

図1－1　ラオスの脱ドル化（マネーサプライに占める外貨預金の比率）
（注）マネーサプライにはM2（現預金＋普通預金＋定期預金など）を採用した
（出所）ラオス中央銀行

部のジンバブエでは、度重なる政情混乱で通貨の信認が完全に失われてしまっている。毎年のインフレ率が数千%、数万%という異常な状況が続くなかで、日々の決済や貯蓄が米ドルなど外貨で行われている。

ベネズエラでは、2000年代までの原油高を背景に、チャベス政権(1999~2013年)が貧困層へのバラマキ政策を強化した結果、年数千%のハイパーインフレが定着することとなった。通貨ボリバルの価値は紙くず同然となり、政府は苦肉の策として17年12月に鉱物資源を裏打ちとした仮想通貨「ペトロ」を発行するに至った。

ジンバブエの場合は、14年12月にボンドコインと呼ばれる国債に裏付けされた硬貨が、16年11月にはその紙幣版であるボンドノートがそれぞれ発行された。ただ、国債はあくまで金融資産であり、土地や不動産、金といった実物資産ではない。国民の支持など当然得られず、通貨制度は崩壊したままである。

†技術革新が阻む脱ドル化

見逃されがちな論点として、技術革新がドル化を促している、言い変えれば脱ドル化を阻んでいることがある。ここで言う技術革新とはインターネットを通じた金融取引、とりわけモバイルバンキングの発展である。わざわざ両替商や銀行窓口に行かなくても、スマートフォンなどのモバイル端末を使って気軽に外貨を購入できるようになった結果、ドル化は進みやすく脱しにくくなっている。

かつて20世紀を代表する米国の経済史家アレクサンダー・ガーシェンクロン（1904～78年）は、旧ソ連の経験を下敷きに、新興国は先進国から技術を導入することで、先進国が経験したいくつかの段階をスキップして経済を発展させることができるという「後発性の優位」という概念を提唱した。

新興国におけるモバイルバンキングの普及は、まさにこの「後発性の優位」を体現する端的な事例と言えよう。一人当たり所得が日本の3分の1に満たないアジアやアフリカの諸国でさえ、スマートフォンが若い世代を中心に広く普及しており、モバイルを通じて先進国並みのバンキングサービスが行われている。

例えばアフリカ東部にあるケニアでは、Mペサと呼ばれるモバイルを利用した金融サービスが広く普及している。それに一人当たりGDPが2000ドルにも満たない低所得国であるケニアは、アフリカ有数のモバイルバンキング大国となっている。中継機さえあれば通信が可能なモバイルでの金融取引は、国土が広大なアフリカ諸国にうってつけだ。

18年8月に通貨危機に見舞われたトルコも、モバイルバンキングが発展している新興国の一つだ。スマートフォンを使えばいちいち両替商や銀行の窓口に並ばなくても、その時々の為替相場との見合いで、誰もが自国通貨（リラ）を外貨に交換することができる環境にある。

トルコでは通貨が大暴落した18年8月10日、多くの若者がスマートフォンを使い、米ドルと自国通貨（リラ）の売買に勤しんだという。相場が乱高下するなかで利ザヤ（売買の結果生じる利益）を得ようとした預金者も多く、売買高がいっきに膨らんだ。その結果、銀行のサーバーがダウンする事態にもなったようだ。

こうしたインターネットを通じたドル化は、現物の受け渡しを伴わない。そのためバーチャルな感覚で気軽に取引することができる。また売値と買値の差（スプレッド）も小さくなる。要するに、資産防衛を目的としたドル化を容易にするツールなわけだ。

そうであるなら政府が規制をかけてネットバンキングを禁止し、また預金口座も凍結（預金封鎖）してしまえば良いと思うかもしれない。もっとも、そうした規制がかかれば、政府に対する信頼感（コンフィデンス）がさらに低下してしまう。そして人々は他の手立てで資産防衛を図ろうとする。政府の規制も、結局は一時しのぎに終わってしまうことになる。

預金者は政府による預金封鎖の可能性を考えながら、適当な時期に銀行口座から米ドルを引き出し、ないしはそのときの為替レート相当の現地通貨を引き出して、市中で米ドルへと換える。究極はそれを「タンス預金」に回すことになるだろう。そうなるまでに資金を滞留させる場としても、ネットバンキングは有効に機能している。

3　日本におけるドル化の事例

†戦後沖縄とドル化

視点を変えて、日本におけるドル化の事例を見ていきたい。端的な例として戦後の沖縄がある。太平洋戦争の結果、沖縄は米国の占領下に入った。1948年以降、沖縄や奄美諸島では、米軍が独自に発行する通貨「B円」が唯一の法定通貨であった。その後1958年に米ドルへ切り替わることになる。

沖縄県公文書館によると、米軍が米ドルを法定通貨に定めた理由は、戦後復興のために外資の導入を促そうとしたことにあった。だがそれだけでなく、ベトナム戦争（1955〜75年）の拠点とされた沖縄において、米軍の経済活動を容易にする意図も強かったと推察される。米ドルの利用はその後、72年5月の本土復帰まで続いた。

占領下にある沖縄で生じたこのドル化現象（B円の導入とその後の米ドルへの切り替え）は、米国が主導して行った「公式的なドル化」であり、また「完全なドル化」である。占領政策的観点から実行されたものだが、それと同時に沖縄の特異な経済事情も関係している。

というのも「B円」が導入された当時の沖縄では、太平洋戦争に伴う混乱を受けて物々交換が行われるなど、貨幣経済が崩壊していた。そのため「B円」を導入することに伴う混乱はそれほど大きくはなかったようだ。それよりも、本土復帰に伴い、米ドルから日本円に切り替えを行うときに、当時の国際金融環境の変化もあって大きな混乱が生じた。

本土復帰直前の1971年には、戦後導入された1ドル360円の固定相場制度が崩壊しており、日本円は変動相場制度へ移行していた。このことで円高が進み、沖縄では輸入インフレが加速することになった。ドルを円に切り替えれば、ドル建て資産の価値が目減りすることが警戒されたわけだ。

日本政府としても、沖縄経済が混乱する事態を回避する必要があった。戦後長らく米国の統治下に置かれていた沖縄では、当然ながら本土への反感も根強かった。沖縄の人々の資産が目減りすることになれば、その傾向がさらに強まることは明らかだった。

結局、日本政府が為替差損を補償することで、米ドルから日本円への切り替えが行われた。ただ便乗値上げなどもあり、沖縄の消費者物価は跳ね上がったという。もっとも当時は日本経済も好調であり、日本円の信認も高かったことから、米ドルから日本円への切り替えは結果的にうまくいった。

現在でも沖縄では、大型店や量販店を中心に米ドルで決済することが可能だ。県庁所在地である那覇市の中心部にある国際通りでは、多くの店が米ドルによる支払いに応じてくれる。また、米軍基地が近い北谷町や沖縄市では、コンビニエンスストアやファストフード店のみならず、個人商店でも米ドルによる決済が可能である。

米ドルで支払った場合、釣銭が生じると日本円で返ってくる。例えば1ドルが100円で、700円のものを10ドル（1000円）で購入したとする。その場合、御釣りとして300円が返ってくる。提示される為替レートは銀行間レートに連動しつつも、店によってまちまちである。

沖縄では米ドルと日本円を気軽に交換することができる。両替商や銀行窓口だけではなく、ホテルやコンビニエンスストア、ショッピングセンター、大型の土産物店などには多くの自動外貨両替機が設置されている。銀行系もあれば、外貨両替業務を専門にしている会社による両替機もある。

沖縄におけるドル化は、当初は米軍による強制的な措置であり、公式的なドル化でもあった。現在、沖縄で米ドルが使えるのはその名残であるため、沖縄で日本円の信認が弱いわけではない。あくまで歴史的な経緯によるところが大きく、新興国で起きているようなネガティブな意味での非公式なドル化とは言えない。

†横須賀とドル化

現在、首都圏で最もドル化が進んでいる地域と言えば、神奈川県にある横須賀市だろう。三浦半島の大半を占める横須賀市の中心部には、横須賀海軍施設という日本でも有数の米海軍の基地がある。米軍関係者は家族を含め1万人を優に超え、ほとんどが米軍基地内にある居住施設に住んでいる。

米軍施設内には米軍関係者を対象としたフードコートやマーケットが存在し、そこでの支払い決済は米ドルで行われている。ネイビーフレンドシップデー（日米親善の観点から横須賀海軍施設が一般市民に開放される日）に赴けば、基地内で行われている米ドル決済の雰囲気を味わうことができる。

本町商店会〔どぶ板通り〕（筆者撮影）

この米軍基地の近くには、本町商店会という全長300メートル余りの商店街がある（写真）。もともとこの一帯は、太平洋戦争前に旧日本海軍の横須賀鎮守府（艦隊の後方を統轄する機関）の門前町として栄えていた。戦後しばらくの間は溝渠（どぶ川）が流れていたため、今でも「どぶ板通り」という通称で呼ばれている。

現在、どぶ板通りには肖像画店やミリタリーショップ、バーやレストランなど150余りの店舗が軒を連ねている。夜になると日本人ばかりでなく、多くの米軍関係者が繰り出す横須賀きっての盛り場だ。そうした背景もあって、この商店街にある店の多くは米ドルによる支払いに応じている。

また、横須賀海軍施設の最寄り駅となる、京浜急行電鉄の汐入駅の近くには、米兵が通うことで有名な酒屋がある。いわゆる「角打ち」と呼ばれる、買った酒をその店の中で飲ませるスタイルが採られている。居酒屋で飲むよりもはるかに安上がりなため、米軍関係者が通い詰めているわけだが、彼らの支払いも米ドルで行われることがある。

２００８年秋に生じた世界金融危機以降、歴史的な円高ドル安が13年頃まで続いた。米軍関係者の給与はドル建てであるため、彼らの生活費がかさむことになった。故に当時は、気軽にアルコールが楽しめる「角打ち」の酒屋に米兵が押し掛けたという。

横須賀市側にも、こうしたドル化現象を観光に利用しようという動きがある。横須賀市がスポンサーを務める横須賀集客促進実行委員会は、「ドル街横須賀」というキャッチフレーズを用いて横須賀をアピールし、日本人のみならず外国人観光客の集客も試みている。

この実行委員会に加盟している90余りの店舗では、米ドルの紙幣で支払いができる。ただしレートは各店舗により異なっており、高額紙幣や貨幣（コイン）は利用できないといった制約もある。とはいえ米ドルが使えることを全面的にアピールする姿勢は、米国風情を醸し出す上で一定の効果を持っている。

ちなみに、米ドルでの支払いを受け付ける店は、数週間単位で銀行などへ赴き、ドルを円に換えている。店舗ごとに換金のタイミングが異なるため、その際に適用される為替レートの水準も当然違ってくる。各店舗が提示するレートのばらつきはこうした理由から生まれている。

横須賀で観察されるドル化は、米軍基地の存在という特殊な要因から生じた現象であり、日本円の信認が揺らいだ結果ではない。また横須賀の中でも米軍基地周辺という極めて狭いエリアにおける経済現象に過ぎず、その意味では沖縄以上に限定されたドル化にとどまっている。

なお同様の取り組みは、米軍施設がある他の場所でも観察される。例えば東京都西部にある福生市には米空軍の横田基地があるが、この基地に面した国道16号沿いの商店街は「福生ベースサイドストリート」を名乗り、「日本で一番アメリカに近い商店街」をキャッチフレーズに地域振興を図っている。こちらもいくつかの店では米ドルによる支払いが可能だ。

†日本で非公式なドル化は進むのか

近年、日本を訪れる外国人観光客が急増している。彼らの消費を喚起するため、ドルやユーロで支払いを受け付ける所も増えてきた。外国人観光客に高い人気を誇る浅草の商店連合会などはその一端である。一部の大手量販店では、中国元や台湾ドル、韓国ウォンなどでの支払いも受け付けているようだ。

日本の預金金利がほぼゼロとなって久しい。そのため、余裕資金がある富裕者層を中心に、外貨預金や外貨建て金融商品を購入し、資産運用に励む人々も増えてきた。こうした意味で、日本におけるドル化は徐々に進んでいる。ただこれはまだ、本書が問題とする非公式なドル化の入り口に過ぎない。

問題は、日本円の信認が失われ、日本人が米ドルなど外国通貨を使って支払いをするような状況に陥った場合である。その可能性はゼロではないばかりか、むしろ高まっている。通貨の信認は、基本的には財政の健全性に基づく。その財政が日本の場合、先進国で最悪の状態にあるのだ。

日本の公的債務残高は、GDPの2倍にも膨らんでしまった。2010年代に財政危機に陥ったギリシャでさえ、公的債務残高はそれよりも少なかった。そうした日本の財政は、中央銀行である日本銀行が多額の国債を購入することで、現状では何とか支えられているのである。

正確に言えば、財政法という法律で日本銀行による国債の引き受けは原則として禁止されているが、これは発行市場（つまり発行時点）での引き受けを禁じたものである。しかし金融政策の一環として、流通市場（投資家同士の国債の売買の場）で国債を購入することは可能なため、この仕組みが使われているわけだ。

黒田総裁が就任（2013年3月）して以降、日本銀行は、国債を直接購入して金利を下げる、量的緩和と呼ばれる金融緩和策を、過去に類を見ない規模で強化した。その結果、金融市場に出回る国債の量はほぼ枯渇してしまい、金融緩和を強化することが極めて困難になってしまった。

こうした異例の手段をとることで、日本の財政は何とか回っている。ただこの枠組みが限界を迎えたとき、それでもなお財政を拡張し続けるなら、間違いなく日本円への信認は低下し、為替レートは下落を余儀なくされる。それが通貨危機ともなれば、多くの問題を抱える「非公式なドル化」が日本でも進むことになるだろう。

繰り返しとなるが、本書の副題は「日本で米ドルが使われる日」である。あまり考えたくないことだが、その足音が着実に忍び寄っているというのが、本書のメッセージである。そうした事態に陥らないためにも、通貨の信認という観点から、今の日本の経済運営を見直す必要があるのではないだろうか。

本書が明らかにするように、非公式なドル化は通貨危機のアウトプットであるが、同時にインプットにもなる。通貨危機に伴いドル化が始まると、自国通貨建ての預金の増加が阻まれ、貯蓄率が上昇しない。通貨を安定させるためには金利を引き上げなければならないため、投資も増加せず、経済発展が進まない。

通貨の安定よりも目先の経済成長を優先して身の丈以上の景気刺激策を採ると、その経済は再び通貨危機に苛まれる。さらにはドル化が進み、経済発展は制約されてしまう。歯止めをかけるためには財政をはじめ経済の広範にわたる構造改革が必要になるが、不安定な経済でそれを推し進めることは容易ではない。

この章では、ドル化、特に非公式なドル化が持つ問題点を整理した。次の章からはドル化に関して具体的に考察していきたいが、それに先立って、いったいなぜ米ドルでないといけないのか、ユーロや豪ドル、日本円といった他の主要通貨で生じることはないのかという素朴な疑問を、次章で解いていきたい。

第 2 章
なぜドル化は米ドルで生じるのか
——基軸通貨米ドルの特徴

米ドル・ユーロ・日本円・人民元

本章では、ドル化が米ドルで生じる理由を考えていきたい。自国通貨の代わりに使用する外国通貨はユーロでもいいはずだし、日本円でも豪ドルでもいいはずだ。にもかかわらず、ドル化という現象は圧倒的に米ドルで生じている。それはなぜだろうか。素朴だが重要な論点である。

世界の覇権国である米国の基軸通貨が米ドルなのだから、ドル化が米ドルで生じるのはある意味当然だ。ただ見方を変えると、ユーロや日本円などその他の国際決済通貨の存在感が高まっていないとも言うことができる。

まずは、基軸通貨としての米ドルの性格を整理した上で、準備通貨としての利用状況や、外為市場での交換状況、資金調達手段としての利用状況を確認していく。そして米ドルの存在感が圧倒的である一方で、米ドルに次ぐ国際決済通貨であるユーロの存在感が高まらない理由を明らかにしたい。

1　世界の基軸通貨、米ドル

†基軸通貨とは何か

素朴な疑問であるが、ドル化が圧倒的に米ドルで生じているのはなぜだろうか。ユーロや豪ドルで生じている場合もあるが、その規模は米ドルに遥かに及ばない。覇権国家である米国が発行する基軸通貨という点で当然だとは言えるが、それでは基軸通貨とはいったい何だろうか。簡単に整理してみたい。

基軸通貨（キーカレンシー）とは、世界の外国為替市場で中心的に扱われている通貨を意味する。政治的にも経済的にも世界の中心にある国（覇権国）が発行する通貨とも言える。今現在、世界の基軸通貨は米ドルであるが、そうなったのは第二次世界大戦以後のことだ。

歴史を紐解くと、かつては英国が発行するポンドが、19世紀以来の基軸通貨であった。七つの海を制覇したとも言われる英国は、その圧倒的な経済力や軍事力を背景に、長らく世界の覇権国として君臨した。首都ロンドンは金融市場を牽引し、英国の発展を大いに支えたのである。

この間、ポンドは世界で最も信用力がある通貨として、至る所で使われていた。日本も日露戦争（１９０４〜０５年）の戦費を調達する際、ロンドンでポンド建ての起債を行っている。当時の信用力の低さから、起債条件は日本にとって厳しいものになった。

もっとも英国の経済力や政治力は、第一次世界大戦（１９１４〜１８年）によって低下を余儀なくされた。その結果、ポンドの信用力にも陰りが見えるようになり、代わって台頭したのが米ドルである。背景には、第一次世界大戦に伴う特需で米国経済が高成長を遂げたことがあった。

第一次世界大戦の中心地は欧州であったため、遠く離れた米国に直接的な悪影響はほとんどなかった。むしろ物資の不足に陥った欧州に向けて輸出が急増したことから、米国は債務国から債権国に転じるほどの巨利を得た。そしてロンドンの金融街シティに代わり、ニューヨークのウォール街が世界的なマネーセンターの座を射止めるのである。

米ドルが基軸通貨になる上での決定的な出来事は、第二次世界大戦（１９４１〜４５年）後に、ブレトン・ウッズ協定（１９９４年）に基づいて米ドルを基軸とした国際的な固定為替相場制度が導入されたことだ。この協定では、金1オンスを35ドルと定め、その上で米ドルと各国通貨との為替レートを固定する政策を用いることで世界各国が合意した。

ドル円レートは１９４９年４月に１ドル＝３６０円で固定されることになった。この安定した為替レートの下で、日本は奇跡的な戦後復興と高成長を遂げ、1964年には経済協力開発機構（OECD）に加盟するなど先進国に返り咲いた。これは為替レートの安定が経済発展する上で重要な役割を果たすことを証明した端的な事例だ。

ブレトン・ウッズ協定は1971年8月、ドルと金の交換停止（ニクソン・ショック）を受けて撤廃されるが、その後も米ドルは基軸通貨として機能し続けている。1999年1月に欧州連合（EU）が共通通貨ユーロを導入し、ドルの位置づけが揺らぐかに見えたが、米ドルの存在感は引き続き圧倒的だ。

現在は米ドルと金との交換は保証されていない。にもかかわらず、米ドルの信認は世界でもずば抜けている。現状、世界経済の中心は米国であり、国際政治上も米国は唯一の覇権国だ。軍事力も突出している。その米国が発行する通貨であるからこそ、米ドルは世界的に信認されているのだろう。

貨幣の信認は経済学が探究してきた古くからのテーマであるが、結局のところ哲学的であり、確たる結論は出ていない。古くから人々は金といった貴金属には高い価値があるとみなしているが、これは多分に心理的な要因による。言い換えれば、通貨の信認とは、究極のところ、理屈では説明しきれない不安定な世界なのである。

✝米ドル現金の流通量

完全なドル化であれ非公式なドル化であれ、ドル化が進むということは、かなりの量の米ドルが現金で流通し、同時に米国から流出していることを意味する。それでは、一体どれだけの量の米ドル札が世界に流出しているのだろうか。

とはいえ、世界中に流通する米ドルの現金の量を、統計的に把握することは甚だ困難である。米国の中央銀行であるＦＲＢ（連邦準備制度理事会）のエコノミストらを中心に、定期的に推計が行われているが、統一された確たる見解はない。ドル紙幣の大半が米国外に流通しているという、やんわりとしたコンセンサスがあるくらいだ。

米国のマネーストック統計を見ると、ＦＲＢが発行した米ドルの現金流通量は、２０１８年末時点で１・６兆ドル（約１８０兆円）を超えている（図２－１）。このうちの半分を超えるかなりの部分が米国以外で保有されているわけだ。さらに現金化されていない普通預金なども合わせると、その量はさらに膨らむことになる。

なお比較のために、欧州（ユーロ圏）と日本の現金流通量を見てみよう。18年末時点で、欧州ではユーロの現金流通量が約１・２兆ユーロ（約１５０兆円）であり、日本では日本円の預金流通量が約102兆円であった。米ドルの現金流通量はユーロや円よりも多い分、世界にも多くばら撒かれていることになる。

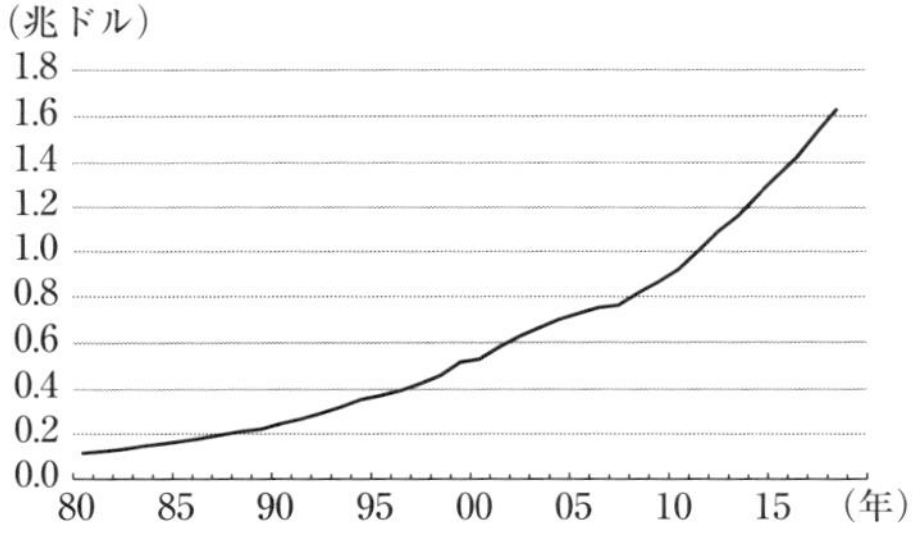

図2−1　米ドルの現金流通量
(注) マネーサプライのうちM1
(出所) 連邦準備制度理事会 (FRB)

†グローバル化する米ドル

世界に流通する米ドルの量は、ブレトン・ウッズ協定の終焉(1971年8月)以降、急速に進んだ金融のグローバル化のなかで増えていったものと考えられる。各国で金融市場の自由化が進み、マネーのやり取りがボーダレスに行われるようになったが、そうした取引で利用された通貨は主に米ドルであった。

1990年代に入ると、IT技術が飛躍的に発展し、グローバルな金融取引はさらに活発なものになった。2000年代半ばにかけては、米国が抱える巨額の経常収支赤字を、新興国の経常収支黒字(マネー)が支えるという構図が成立した。いわゆるグローバルインバランスの拡大である。

このことは、世界経済の中心である米国の経済活動を、主に新興国のマネーがファイナンスすることを意味していた。各国の投資マネーは米国債に加えて証券化商品、特にサブプライムローンと呼ばれる、信用度の低い人々向けの住宅ローンが証券化されたものを大量に購入した。

米国の金融商品を購入するということは、間接的に米ドルを購入することでもある。2000年代はこの経路を通じて、多額の米ドルが米国から流出した。米ドルの「紙幣」が世界各国にばら撒かれたわけではないが、この流れのなかで大量の米ドル資金が世界に出回ったことは確実だ。

さらに08年秋に生じた世界金融危機を受けて、各国の中央銀行は異例の大規模金融緩和を実施した。そのなかでも米国のFRBは、量的緩和政策を三段階にわたって強化し、金融市場に大量のマネーを供給した。この過程で米ドルの現金流通量も急増し、2000年代後半の年平均増加率が4・4％であったのが、10年代前半には7・7％と急上昇した。

流通の経路が着実に整備されたことも、米ドル札の世界的な流通を促した一因だろう。先進国を中心に査証（ビザ）の免除手続きが進み、また航空運賃が大幅に引き下がったことから、海外へ渡る人々が増えた。人の往来が増えれば、基軸通貨である米ドルを持ち歩く頻度も高まる。米ドル札で決済をするケースも増えるため、世界的に流通することになる。

さらにインターネットの普及で外貨にアクセスできる機会が飛躍的に増えたことも、ドル現金が世界に広がる動きを後押ししたと言えよう。

†万年二位の通貨、ユーロ

ところで、米ドルに次ぐ国際決済通貨として、欧州連合（EU）の共通通貨ユーロがある。ユーロは1999年1月に決済通貨として利用が開始され、2002年1月に現金通貨として流通が始まった。導入当初はEU加盟国のうち11ヶ国のみで利用されていたが、その後段階的に増加し、2018年時点では19ヶ国が利用している。

なぜEUでユーロが導入されたのか。これは欧州統合の流れと深く関わっている。19世紀以降、欧州では民族主義の高まりを受け、特にオーストリア帝国の支配下にあった中東欧の諸国において、国民国家として独立を求める機運が高まった。一方で、欧州を米国のように合衆国として統合していこうという考え方も論じられるようになった。

流れが具体化し始めるのは、第二次大戦後のことである。1952年、当時の西ドイツを経済的に封じ込める目的で設立された欧州石炭鉄鋼共同体を皮切りに、57年には欧州経済共同体と欧州原子力共同体が設立、67年にはそれらが統合される形で今のEUにつながる欧州共同体（EC）が発足した。

1968年には、原加盟6か国で関税同盟が導入され、加盟国間の貿易では関税が撤廃されるなど、経済空間の統合が進んでいった。こうした流れの中で、加盟国間の通貨も統合しようという機運が広がり、79年にはユーロの前身となる通貨ECU（欧州通貨単位）が導入され、各国の通貨が順次固定されることになった。

米国の覇権に対抗するためには、欧州は打って一丸とならなければならない。通貨に関しても同じで、各国が独自の通貨を持つよりも一本化して米ドルに対抗した方がいい。さながら「三本の矢の教え（三子教訓状）」の理屈で、ユーロ導入に向けた動きは粛々と進んだのである。

なおEUからの離脱を模索する英国も、当初はユーロへの参加を希望していた。英国は1990年10月、自国通貨ポンドをユーロの前身であるECUと固定したが、その為替レートが英国にとって次第に割高となった結果、92年9月に激しい売りを浴びせられて固定相場制度の放棄を余儀なくされた。

その際、現在はユーロの「番人」であり、当時もＥＣＵを司っていたドイツは、特に英国を救うような手立てを採らなかった。この経験から、英国はＥＵに対する不信感を強く持つようになったと言われている。そして英国は、93年11月に発足したＥＵには踏み止まったものの、ユーロの参加は見送ることになった。

やがてユーロの新規加盟国は、バルト三国のような中東欧の小国が占めるようになった。ただしそのなかでも有力なチェコ、ハンガリー、ポーランドは参加を見送り続けている。また所得水準が高い北欧のデンマークやスウェーデンも独自通貨を維持している。

それでも19か国がユーロを採用したことによって、その人口規模は約３億３０００万人と米国並みとなった。19か国が束になることで、米国に匹敵する経済空間が形成されたことになる。ただ「三本の矢の教え」が説くような協力関係が構築できたかと言えば、かなり怪しいと評価せざるを得ない。

次節で確認するが、ユーロは現在、米ドルに次ぐ第二の基軸通貨の位置づけにある。しかし導入から既に20年が経過したユーロと米ドルの差は、あらゆる側面で大きく、ユーロは「万年二位」の座を脱することができていない。それればかりか、新興国の台頭が著しいなかで、二番手の座を維持することすら危うくなっている。

世界金融危機が生じた2008年頃までは、欧州経済の好調を背景に、ユーロはドルに次ぐ基軸通貨としてのプレゼンスを着実に高めていた。ただその後に生じた欧州債務危機を受けて信認が低下し、基軸通貨としての位置づけは大きく後退した。近年のドル化は、このユーロ退潮の流れとも密接に関わっていると言えよう。

2 基軸通貨米ドルの現状

†準備通貨としての利用状況

この節では現金のみならず、より広い観点から、基軸通貨としての米ドルがどのように使われているか確認したい。裏を返せば、ユーロや日本円など米ドル以外の主要通貨が米ドルに比べてどの程度使われているのか（あるいは使われていないのか）を多面的に見ていきたい。

まず準備通貨の観点から、特にライバル通貨であるユーロと対比する形で、その位置づ

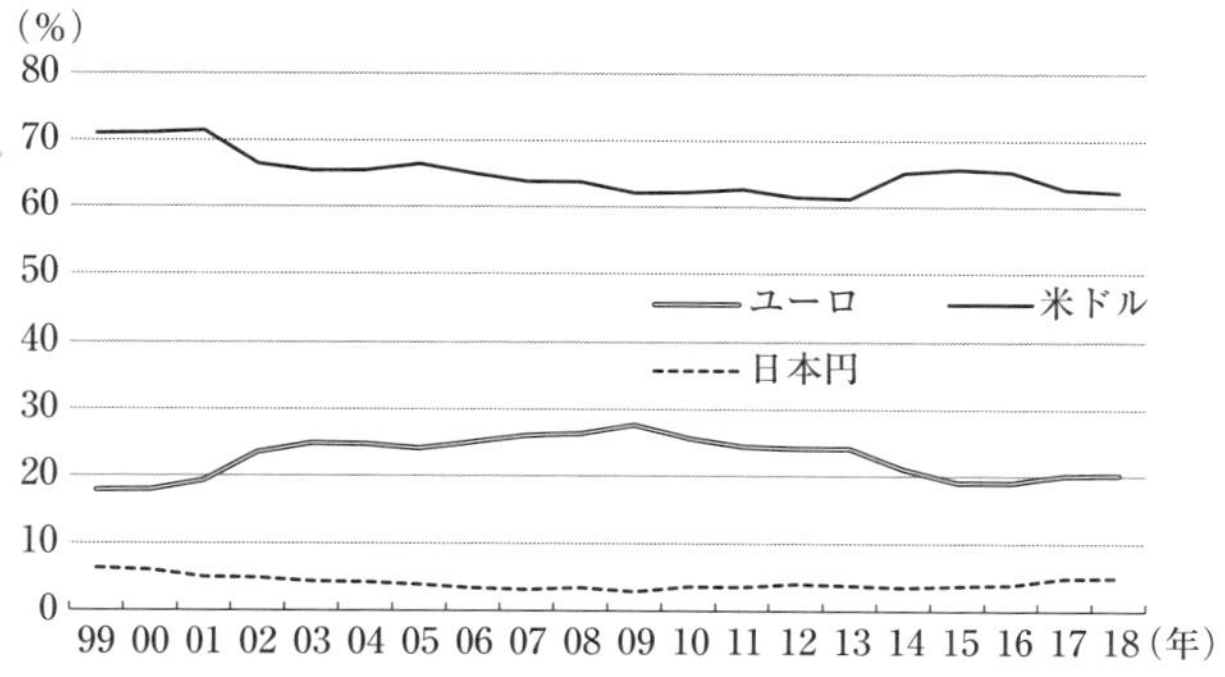

図2-2　世界の外貨準備に占める各通貨のシェア
（出所）国際通貨基金（IMF), *The Currency Compositon of Official Foreign Exchange Reserves*（*COFER*）

けを確認してみよう。準備通貨とは、各国の政府や中銀が保有する外国通貨のことを意味しており、対外的な支払いに用いられるものだ。そして対外的な支払いとは、債務の返済や輸入の決済を意味する。

いわゆる外貨準備高は、各国ごとにいくつかの準備通貨を組み合わせる形で保有されている。その構成は、各国の経済運営方針によって様々である。後述するように、米国と一定の距離を保つべく、米ドル以外の主要通貨のウェイトを戦略的に高めようとする国（例えばロシアや中国）も存在する。

国際通貨基金（IMF）のデータを見ると、ユーロが導入された1999年時点では、米ドルは世界の外貨準備高の71・0％を占めていた（図2

－2）。一方で、ライバル通貨とも言えるユーロは17・9％と2割弱にとどまっていた。その大半は、欧州で最も信用力が高かったドイツマルクが引き継がれたものである。

その後、ユーロの比率は徐々に上昇し、09年には27・7％にまで達した。反面、同年の米ドルの比率は61・5％まで低下しており、この低下分がユーロ比率の上昇分に振り替わった形である。後に米ドルの比率は60％台前半が定着し、ユーロの比率は20％程度まで低下した。

09年までのユーロのシェア拡大は、この間ユーロが準備通貨としての位置づけを着実に高めていたことの証左である。当時は世界的にドル安が進んでおり、産油国を中心として、米ドルからユーロに外貨準備の構成を振り換える動きがあった。また、中東欧諸国がEUに取り込まれる過程で、多額のユーロを外貨準備に組み入れたことも、シェアを高めた一因である。

ところが10年以降は、EUで債務危機が生じたことに伴い、通貨としての安定性に疑義が生じた。ユーロ安も進んだため、各国当局が準備通貨としてユーロを保有することを回避した。その結果、世界の外貨準備に占める割合は低下したと考えられる。

ただこの過程で、米ドルのシェアが回復したわけではなかった。代わりにシェアを高めたのは、日本円や中国元といった他の通貨や金（ゴールド）であった。過度なドル依存から脱却したい思いはありながらもユーロは頼りないと考えた各国の当局が、準備通貨の分散を図ったのだろう。

なお新興国の中でも地域大国を中心に、外貨準備を構成する通貨を多様化しようという動きは根強い。米ドルへの過度な依存を解消する意図もあれば、外貨準備高を運用する上でより高収益を得たいという思惑もある。その端的なケースとして、米国と対立関係を深めるロシアの動きが挙げられる。

19年1月にロシア中銀が公表した『外国為替報告書』を見ると、18年6月時点でロシア中銀の外貨準備のうちユーロが32・0％、米ドルが21・9％、人民元が16・7％でトップ3を占めていた。ただ1年前の17年6月時点から比べると、米ドルの比率（46・3％）は20％ポイント以上も低下している。

ロシアは米トランプ政権に対する不信感から米ドルを売却し、その分をユーロや人民元に振り分けたとみられる。もっとも世界全体で見ると、準備通貨としての米ドルの存在感は変わらず圧倒的だ。中南米やアジアの新興国の中央銀行、また外貨準備高で世界二位を誇る日本でも、そのシェアの大部分は米ドルが占めている。

†外為市場での交換状況

続いて外国為替市場（外為市場）におけるドルの取引状況を確認してみよう。世界各国の中央銀行同士の決済を行う国際決済銀行（BIS）は、『外国為替およびデリバティブに関する中央銀行サーベイ』という報告書を3年に一度公表しており、ここに4月1日時点における外国為替の平均取引高が載っている（表2－1）。

このデータには、直物取引（売買契約が成立してから2営業日以内に現物の受け渡しを伴う取引）だけではなく、先物取引（一定期間後にある一定の条件で為替の受け渡しを伴う取引）などのデリバティブ取引（通貨スワップ、為替スワップなど）も含まれている。外為市場でのほぼ全ての交換取引がここに示されていると言っていい。

外国為替市場での取引は、「相対取引」で行われる。この場合、株式のように取引所を介すことはせず、売買する当事者同士が量や条件を決めて行うことになる。その際にはEBS社とトムソン・ロイター社の電子仲介システムが使われ、そこで集計された売買価格の平均が、我々がニュースなどで確認する為替レートとなる。

さらに米ドル以外の通貨間の交換は、基本的に米ドルを介して行われる。例えば日本円

（パーセント）

	01年	04年	07年	10年	13年	16年
米ドル	45.0	44.0	42.8	42.5	43.5	43.8
ユーロ	19.0	18.7	18.5	19.5	16.7	15.7
日本円	11.8	10.4	8.6	9.5	11.5	10.8
ポンド	6.5	8.3	7.5	6.5	5.9	6.4
豪ドル	2.2	3.0	3.3	3.8	4.3	3.5
加ドル	2.3	2.1	2.2	2.7	2.3	2.6
フラン	3.0	3.0	3.4	3.2	2.6	2.4
中国元	0.0	0.1	0.3	0.5	1.1	2.0

表２－１　外国為替の平均取引高（４月１日時点）
（注）本来取引の合計は両通貨側から計上されるため200％になるが、２で除して100表示にした
（出所）国際決済銀行（BIS）, *Triennial Central Bank Survey of Foreign Exchange and OTC Derivatives Markets.*

を豪ドルに換えるとき、日本円はまず米ドルに換えられ、そのうえで米ドルから豪ドルに交換される。日本円と豪ドルが直接交換されることもあるが、その量は少なく、米ドルを介して行われる取引が大半である。

銀行窓口やインターネットで外貨を購入したことがある人は、米ドルの売買手数料に比べて、豪ドルなど高金利通貨の売買手数料の方が高いと感じたことがあるだろう。これは日本円と米ドルの交換で、また米ドルと豪ドルの交換で、それぞれ手数料がかかるためである。ブラジルレアルなどマイナーな通貨ならなおさらだ。

さて、ライバル通貨であるユーロが流通した直後の01年調査から、最新16年調査までの推移を見ていきたい。この間、外為市場で行われた全ての

通貨取引の4割以上を、一貫して米ドルが占めていることが分かる。外為市場での取引は、基軸通貨であるドルを中心に行われるため、存在感が際立っているのは当然であろう。

他方でユーロの比率はというと、ユーロ導入（99年）直後の01年時点では19・0％であり、欧州債務危機が生じる10年時点までは18～19％程度で推移している。しかしそれ以降は、13年に16・7％、16年に15・7％と着実に低下している。

ユーロの人気が低下する一方、その他の主要通貨、例えば中国元などの取引シェアは着実に増えていった。中国元の場合、近年、日本円（12年）やユーロ（14年）との直接交換取引が認められるようになり、米ドルを介した交換の手間が省けるようになったことも、シェア拡大につながったとみられる。

もっとも、米ドル以外の通貨取引のほとんどは、引き続き米ドルを介して行われている。外国為替取引は基軸通貨である米ドルを軸に回っており、ユーロが欧州債務危機を受けて外為市場での人気を失ったことで、そのプレゼンスはより揺るぎのないものになったと言えるだろう。

†資金調達手段としての利用状況

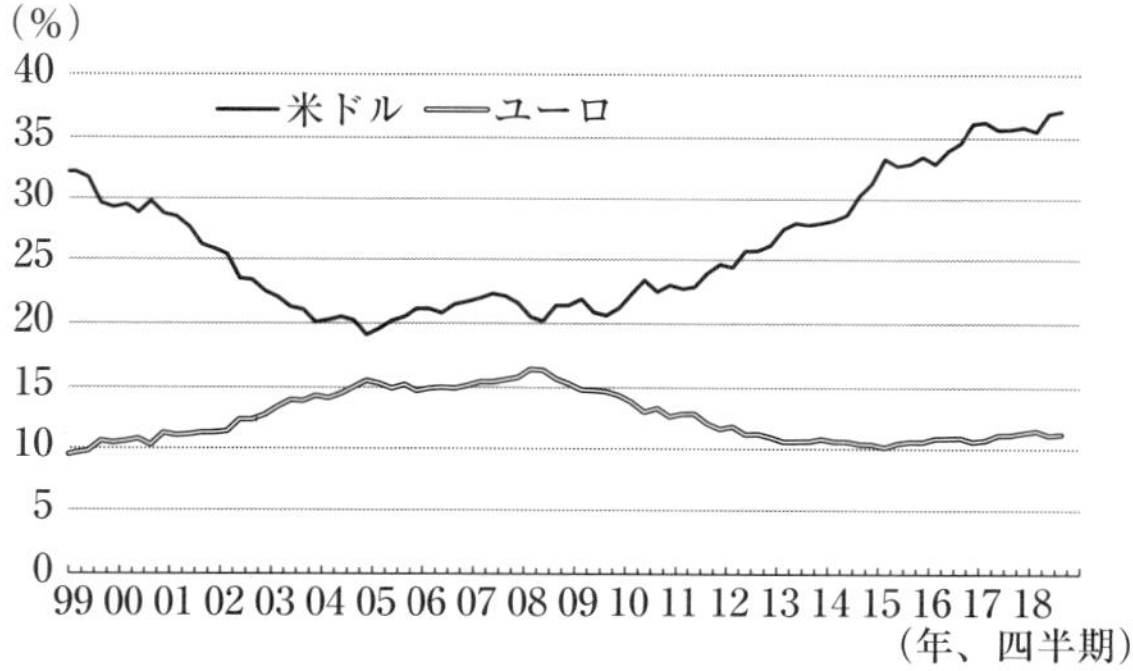

図2-3　世界の外貨建て債券残高に占める米ドルとユーロの割合
（出所）BIS, *Statistics Explorer, Table C.3*

ここからは、資金調達手段としての米ドルの位置づけを見てみたい。近年の新興国を中心としたドル建て債券の急増はよく知られたところだ。図2－3はＢＩＳの統計を基に、世界の債務（政府、企業、金融、家計の全てを含む）のうち、外貨建て債券の発行残高に占める、米ドル建てとユーロ建ての割合の推移を確認したものである。

ユーロが導入された99年には、世界の外貨建て債券の30％以上を米ドルが占めており、その時点におけるユーロの比率は10％程度であった。その後２０００年代中頃にかけて、ドルの比率が20％程度に低下した一方で、ユーロやそれ以外の通貨の比率が上昇し、２０００年代後半にかけてそれが定着することになる。

しかし08年に生じた世界金融危機以降は、ドル建ての比率が徐々に上昇し、2010年代後半には35%を超えた。一方でユーロの比率は世界金融危機後に低下が進み、2010年代前半から10%程度で横ばいとなった。米ドル比率の上昇とユーロ比率の低下はほぼ代替の関係にあるわけだ。

そもそも新興国の通貨に対する投資家の信認は低い。そのため新興国は、米ドルやユーロなど一般的に信用力が高い主要通貨で起債を行うことになる。2010年代に入って新興国を中心にドル建て債券を発行する動きが強まった背景には、金融緩和で米金利が低下したことに加えて、欧州債務危機でユーロの信認が低下したことが関係していると考えられる。

2010年代は、世界の中銀が軒並み金融緩和を強化し、どの国でも低金利が進んだ。しかし欧州の場合、ドイツやフランスでは低金利が進んだが、債務問題を抱えるギリシャやスペインでは高金利になるなど、財政統合がなされていないことを理由にバラつきが見られた。こうしたユーロの不安定が嫌気され、米ドル債の比率が再び上昇したのだろう。

同様の傾向は、銀行の国際与信（クロスボーダー与信）の動きからもうかがえる。同じくBISの統計（国際与信統計）によると、世界の銀行による国際与信に占める米ドルの割合は、2000年代前半を中心に50%台半ばから50%を下回るまで低下し、代わってユーロが30％弱から35％程度まで上昇した。

その後、世界金融危機後を受けた２０１０年代前半はユーロ建ての比率が20％台半ばまで低下した一方、米ドル建てが再び50％台半ばまで上昇した。この状況は２０１０年代後半も変わっておらず、世界の銀行による国際与信の６割弱が引き続き米ドル建てで行われており、圧倒的な存在感を誇っている。

以上、準備通貨としての利用状況、外為市場での取引状況、資金調達手段としての利用状況といった三つの観点から、基軸通貨米ドルのプレゼンスを、特にライバル通貨であるユーロとの関係から確認してきた。いずれの側面からも、米ドルの存在感が２０１０年以降に高まっていることがうかがえる。

裏を返せばこのことは、ライバル通貨であるユーロのプレゼンスが伸び切らなかったばかりか、むしろその存在感が、２００８年秋に生じた金融危機以降とその後に生じた欧州債務危機を受けてしぼんでしまったことを意味している。そこで次節では、ユーロの地位が後退した背景について簡単に議論したい。

3　米ドルには勝てないユーロ

†進まなかった財政統合

これまで確認してきたように、米ドルは国際決済通貨として突出した存在感を堅持している。そして万年二位であるユーロとの差は、欧州債務危機が発生するまでは縮まっていたものの、その後は引き離しているようだ。ここでユーロが存在感を埋没させるきっかけとなった欧州債務危機について簡単に整理したい。

欧州債務危機が生じた最大の理由は、ユーロを発行するEUで財政の統合が進んでいないことにあった。通貨の信認は、基本的には財政運営の健全さに基づく。第二次世界大戦後の西ドイツが、戦間期におけるハイパーインフレの教訓から健全財政を重視したことが、通貨マルクの信用力の高さにつながったことはこれを良く示している。

西ドイツの経験や理念を引き継いだEUは、ユーロを利用するに当たり、各国に健全財政を義務づけた。具体的には、単年度の財政赤字をGDPの3％以内に、公的債務残高を

GDPの60%以内にそれぞれ抑えるというルール（安定・成長協定）を導入したのである。危機前のスペインなど、このルールを守ることで実際に財政の健全化に成功した国も少なくない。

ただ各国の財政を直接統合していく取り組みは遅々として進まなかった。ギリシャに端を発する欧州債務危機は、そうしたEUの制度上の欠陥を金融市場がついた現象だ。仮に財政の統合が確立され、財政危機に陥っても救済できる仕組みを持っていたならば、ユーロの存在感がここまでしぼむことは無かったのである。

それではどういった仕組みがあれば、重債務国の経済危機は軽微に済んだのだろうか。おそらく経済危機が生じた初期の段階で、当該国に必要な所得移転（金融支援）を可能にする制度があれば、ギリシャをはじめ重債務国の経済危機は軽く済み、ユーロの信認もあまり低下しなかったはずだ。

国際金融論の世界には、最適通貨圏という概念がある。複数の国が通貨を共有する際に満たすべき経済的な条件を述べたものだが、そのなかでも所得移転の機能（つまり財政の統合）は優先度が最も高い条件と言える。しかしEUはそれを満たすことなくユーロを導入し、使用し続けた。そのひずみが露わになったのが、欧州債務危機であった。

欧州債務危機が生じるまで、ＥＵにはそうした政策的な所得移転の仕組みが存在しなかった。２０１０年5月にギリシャが金融支援を要請したことを受けて、翌6月に欧州金融安定ファシリティ（ＥＦＳＦ）という金融支援機関が設立され、ようやくその機能が整備されることになった。

当初ＥＦＳＦは13年6月までの一時的な機関とされていたが、12年10月に後継の欧州安定メカニズム（ＥＳＭ）が恒久的な機関として設立され、より柔軟な金融支援が可能になった。なおＥＳＭの権限をさらに拡大して、欧州通貨基金（ＥＭＦ）を設立しようという構想も存在するが、具体的な進展はまだ見られない。

危機時における所得移転機能を整備することと同時に、ＥＵは加盟各国に対して、安定・成長協定に違反した場合の罰則規定を強化することで、財政規律を高めようとしてきた。毎年上期（1～6月）に、ＥＵが各国の財政状況を審査する欧州セメスターの制度（２０１１年導入）などは、その端的な取り組みだ。

またＥＵは、安定・成長協定の運用を厳格化し、ルールを破った国に対して是正措置を勧告する仕組みも設けた。過剰財政赤字是正手続（ＥＤＰ）と呼ばれ、この措置が取られた場合、ＥＵ加盟国は財政赤字への早急な対応を要求されるとともに、最悪の場合はＥＵ

に対して罰則金を払わなければならない。

しかし、財政のそのものの抜本的な統合は依然進んでいない。EUの中でもユーロ圏19か国が先行して共同で起債を行おうとする構想（ユーロ圏共同債構想）はあるものの、具体的な進展は見られないままである。その背景には、財政が健全な国、特にドイツの反対がある。

†反EU運動の高まり

欧州債務危機を受けて、ギリシャなど五つのユーロ圏加盟国が、EUと国際通貨基金（IMF）から金融支援を受けた。同時に欧州中央銀行（ECB）は大規模な金融緩和を行い、金融政策面から重債務国の資金繰りを支えた。その際に生じた一連のコストは、事実上経済規模に応じて各国政府に案分されることになった。

この過程で、比較的財政が健全であり、また経済規模が欧州で最も大きいドイツは巨額の費用負担を強いられることになった。当然、ドイツ国内では市民の血税が他国の救済に利用されることへの不満が高まり、EUに対して反感を持つ有権者が増加する事態になった。

他方でギリシャなど金融支援を受けた重債務国側でも、ＥＵに対する反感が高まった。金融支援の見返りとしてＥＵが重債務国に厳しい財政緊縮を課したためである。そのためギリシャでは、経済規模が債務危機前のピーク時から3割失われるという未曽有の事態が生じ、また多くの雇用が失われる事態となった。

こうして、支援をする国でも支援をされた国でも、ＥＵ統合を推進してきた中道政党が有権者の支持を失うことになった。特に中道左派政党の退潮は著しく、ドイツやフランスで国政選挙が行われるたびに議席数を減らした。代わりに台頭したのが、反ＥＵを公然に唱える、民族主義ポピュリズムに根差した急進政党であった。

民族主義ポピュリスト政党としては、右派ではドイツの「ドイツのための選択肢（ＡｆＤ）」やフランスの「国民連合（旧国民戦線）」などが、左派ではギリシャの「急進左派連合（ＳＹＲＩＺＡ）」やスペインの「ポデモス」などが代表的と言えよう。一部ではナチズムとの類似性があるネオナチ政党も勢力を拡大させている。

債務危機収束後の２０１４年に実施された欧州議会選挙（ＥＵの立法府である欧州議会の議員を各国で直接選出する選挙）では、こうした反ＥＵ政党出身者の議席の増加が顕著となった。17年5月のフランス大統領選では親ＥＵ派のマクロン氏が勝利したものの、直後の総選挙ではそれまでの政権与党で中道左派の社会党が惨敗した。

18年6月にはEUの大国の一つ、イタリアで反EU政党2党（「5つ星運動（M5S）」と「同盟（旧北部同盟）」）による連立政権が成立した。コンテ首相を擁する連立政権はEUの緊縮路線に反旗を翻し、19年度予算案を巡ってEUと激しく対立した。隣国フランスのマクロン大統領とも敵対しており、欧州の秩序を乱している。

ギリシャのように、放漫財政であった重債務国が財政緊縮を行うこと自体は避けられない道だった。しかし問題はその方法であり、EUが求めた財政緊縮はあまりに性急で、また厳し過ぎた。金融支援に関しても、各国の合意形成を優先するあまりに時間を要してしまった。よって金融支援が小出しとなり、危機の長期化につながったのである。

戦力の逐次投入という言葉がある。戦局が不利になるたびに、小出しに戦力を追加する状況を指したものだが、対応が常に後手に回るとともに、結果的に資源の浪費につながるため、兵法では愚策とされる。特にギリシャに対するEUの危機対応は、まさにこの愚策そのものだった。

結果的に、EU各国で反EU運動が盛んになってしまった。2019年の欧州議会選挙でも反EU派が議席を増やし、これまで推し進めてきた欧州統合の機運はしぼんでしまった。EUは自分で自分の首を絞めてしまったきらいが否めない。こうしたなかでは、ユーロの信認を高める上で必要不可欠な財政統合など進まない。

EUのユンケル欧州委員長（当時）は18年9月の一般教書演説で、基軸通貨としてのユーロの存在感を高めていく方針を示した。英国のEU離脱や各国における反EUの動きの高まりを受けて、通貨ユーロを欧州統合の深化のシンボルとして掲げたのである。ただユーロを取り巻く環境は厳しさを増していると言わざるを得ない。

†ユーロはさらに退潮

覇権国である米国は、金融秩序だけではなく、経済秩序、防衛秩序、政治秩序といった国際公共財を世界に供給している。基軸通貨としての米ドルも、そういった国際公共財のうちの一つである。その対価として、各国は米国債を購入し、米国に資金を供給する。この流れは金融のグローバル化が進んだことで大いに強まった。

99年にユーロを導入した当初のEUには、米ドルへの過度な依存を断ち切り、基軸通貨としてのプレゼンスを高めていきたいという意図があったはずだ。しかし反EU運動が各国で高まり、統合の流れが停滞する現状では、ユーロの信認を高めるために必要不可欠な財政統合などまず進まない。

むしろ万年二位としての位置づけさえ、このままでは失われかねない。代わりに台頭する通貨はなにかといえば、中国の人民元かもしれない。米国に次ぐ覇権国家としての位置づけを、中国は着実に高めてきた。米ドルへの依存度を軽くしたい中国は、貿易のみならず、原油など商品の先物取引にも人民元決済の場を広げた。加えて習近平政権はいわゆる「一帯一路」構想と絡めて、人民元の国際化を推し進めようとしている。

一帯一路とは、中国を起点に中央アジアを経て欧州につながるエリア（シルクロード経済ベルト、一帯）と、東南アジアと南アジア、アラビア半島、アフリカにつながるエリア（21世紀海上シルクロード、一路）を結び、ユーラシアからアフリカまでの経済覇権を中国が握ろうという野心的な巨大経済圏構想だ。

この構想の下で中国政府は、国有の中国輸出入銀行に加えて、自らが主導して設立したアジアインフラ投資銀行（ＡＩＩＢ）や、独自に設立したシルクロード基金を通じて、各国に対し開発資金援助を行っている。現状ではほとんどが米ドル建てで行われているため、今後どれだけ人民元建ての融資が増やせるかどうかが、人民元の国際化の動きを左右する。

現在、トランプ大統領の就任により内向き志向を強める米国との間で、中国は深刻な通商摩擦を抱えている。だがそれも、中国が米国の覇権を脅かしていることの写し鏡と言える。ＩＭＦによれば中国の経済規模は既にユーロ圏と同程度であり、２０２０年代にはユーロ圏を抜き去るとみられている（図２-４）。

ただ中国経済が今後順調に成長したとしても、米国と対等に渡り合えるようになるまでは長期間を要するだろう。その間に中国景気が腰折れしたり、08年のように世界的な金融危機が生じたりすれば、リスク回避の流れが強まり、安全資産としての米ドルの需要はあらゆる側面で高まっていく。

つまり、将来的に基軸通貨としての存在感を高めるとしても、人民元もまた、米ドルには到底及ばない。米ドル一強時代が終焉するのは、それこそ米国を中心とした世界秩序そのものが変わるときだろう。そうした時代はやがて来るだろうが、少なくとも今すぐという話ではない。

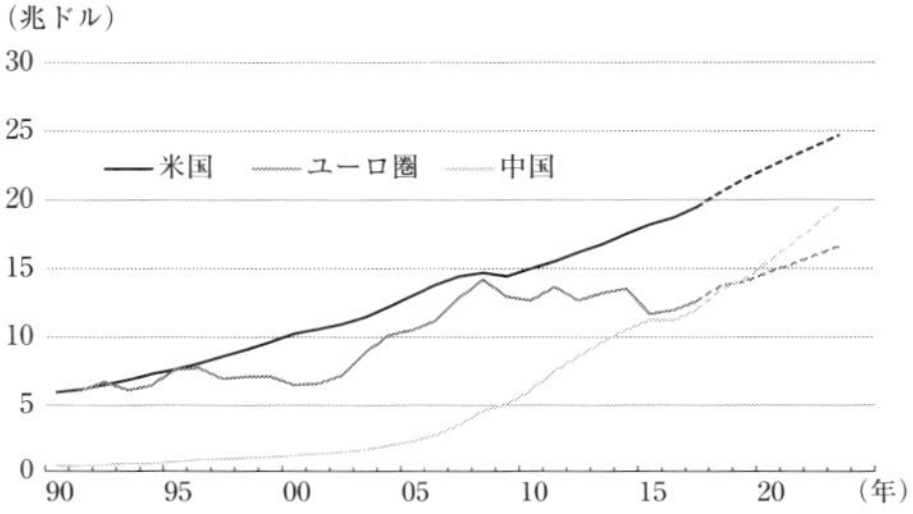

図２-４　名目 GDP の推移と予測
（注）破線は国際通貨基金（IMF）による推計値
（出所）IMF, *World Economic Indicators Database*

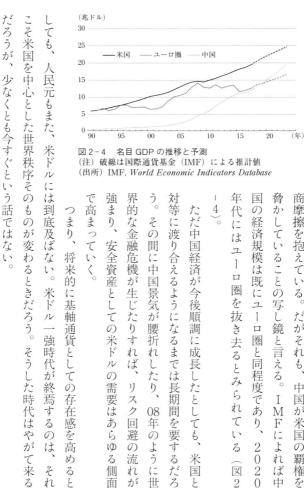

以上、様々な論点から基軸通貨としての米ドルの強さを確認してきた。本章での整理を踏まえた上で、次章ではドル化が進んだ経済のケーススタディとして、トルコの経験を見ていきたい。

第３章

経済発展を阻むドル化
——トルコのケース

18年の通貨危機を受けて両替に押しかける人々（80頁参照）

歴史的なドル高が進む一方で、非公式なドル化が進んだ新興国は少なくない。本章ではその端的なケースであるトルコの経験を論じてみたい。トルコの通貨リラの対ドル相場は、米国が利上げを開始した2015年12月以降、下落が続いた。さらに対米関係の緊張がトリガーとなり、18年8月10日にリラが暴落、通貨危機に陥った。

その裏で、人々はリラを売って米ドルや金（ゴールド）を購入し、資産の防衛に努めたが、その結果、トルコの経済全体で非公式なドル化が進むことになった。経済に出回る通貨や預金などの総量である貨幣供給量（市中に出回っている通貨や預金の総量、マネーサプライないしマネーストック）に占める外貨預金の割合は、危機後のピーク時で実に5割近い数字にまで達した。

なぜトルコで非公式なドル化が進んだのか。背景にはエルドアン大統領による経済運営の失敗に加えて、過去の通貨危機の経験がある。つまるところ、トルコ経済は通貨危機、ハイパーインフレ、ドル化の負の循環から抜け出せない状況が、第二次大戦後以来ずっと続いているのだ。その様相を、本章で描き出してみたい。

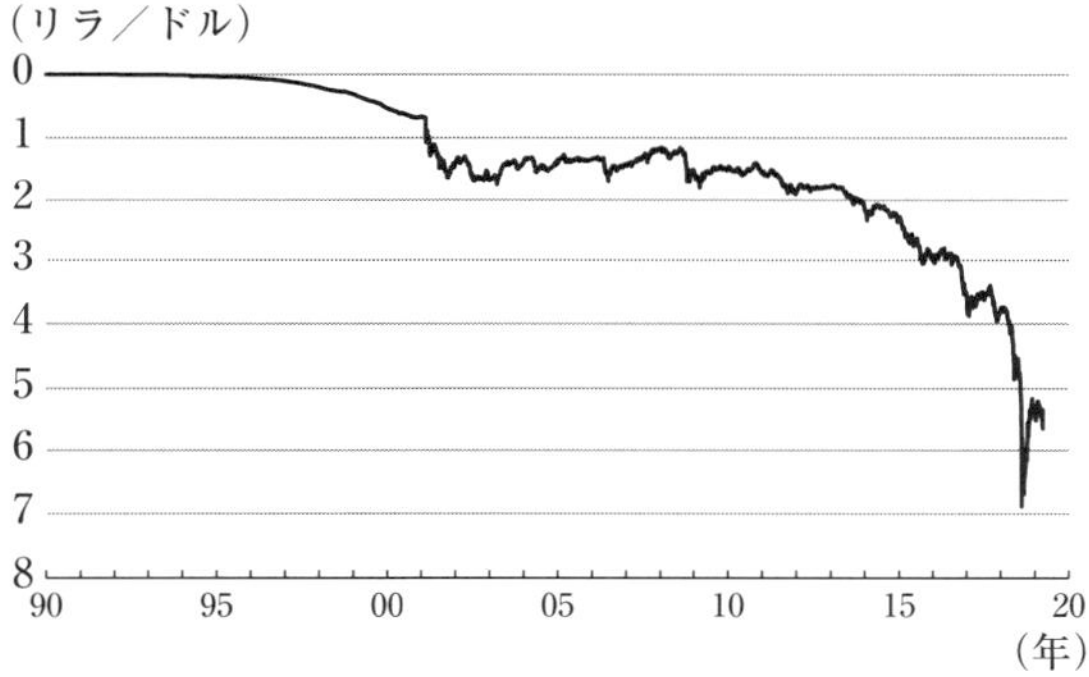

図3－1　リラの対ドルレート
(注) 2005年1月に旧百万リラを1新リラにするデノミが実施された
(出所) トルコ中央銀行

1　18年8月に生じた通貨危機

前日比2割も下落したリラ

トルコの通貨リラの対ドル相場は２０１８年8月10日、史上最安値を更新した。前日まで1ドル5リラ台であったのが、取引時間中に7リラ台を瞬間的に割り込む事態になった（図3－1）。年初からの下落率はこの時点で4割に達し、トルコは通貨危機に直面することになったのである。

そもそもリラの為替レートは、２０１５年12月に米国が利上げを開始して以降、他の新興国通貨と同様に下落が加速していた。他方で当時エルドアン大統領は、有権者に対して国内の不安を煽ることで、自らの独裁の正当性を認めさせようと腐心していた。それまで融和策を採っていた国内のクルド人勢力や、距離を置いていたＩＳＩＬ（自称イスラム国）に対して軍事的な攻撃を仕掛け、トルコ国内の治安を意図的に悪化させたのだ。

さらに大統領は、有権者の支持を得るために景気対策を強化し、経済の高成長を演出したが、その結果、財政収支と経常収支の赤字が拡大するなど、経済の基礎的条件（ファンダメンタルズ）が悪化することになった。見せかけの好景気にも陰りが見られたため、大統領は18年4月に大統領選と議会選を前倒しで行うと発表した。

再選を目指すエルドアン大統領は、リラ安に伴うインフレ加速を受けて利上げが必要であった局面にもかかわらず、中銀に対して公然と利下げ圧力をかけた。5月14日に行われた米ブルームバーグとのインタビューで利下げの必要性を強調したことはその象徴的な出来事と言える。

6月の大統領選でエルドアン大統領は再選するが、直後に開催された7月の中銀会合で利上げが見送られると、リラ安はさらに進んだ。加えて、米国のトランプ大統領が8月10日にトルコ製の鉄鋼・アルミニウムの輸入関税を大幅に引き上げると発表したことを受けて、リラは大暴落するに至ったのである。

当時トルコと米国の関係は緊張していた。クルド人勢力への対応（米国はクルド人勢力に対して宥和的であった）を巡る対立に加えて、エルドアン政権が米国人であるアンドリュー・ブランソン牧師を16年7月にトルコで生じたクーデター未遂事件に関与した嫌疑で、同年10月より拘束していたためだ。

このクーデター未遂事件は、憲法改正などを通じて独裁体制を強めるエルドアン大統領に反発し、軍の一部勢力が起こしたものである。「祖国平和協議会」と名乗る組織が大統領の殺害を企てたこの事件は失敗に終わり、かえって独裁が強化されるきっかけになったことで知られる。

ブランソン牧師が属するキリスト教福音派は、米国のトランプ大統領の最大の支持基盤である。18年11月に中間選挙を控えていたトランプ大統領は、そうした米国内の福音派の信者に対するアピールとして、エルドアン政権に対して圧力をかけ、ブランソン牧師の早期解放を要求するようになった。

トランプ政権の圧力に負けたエルドアン大統領は、18年7月にブランソン牧師をトルコ第三の都市であるイズミル市内の自宅に軟禁するなど、態度を軟化させた。だが支持者へのアピールを重視したトランプ大統領は、8月10日、トルコ製の鉄鋼とアルミニウムに対する輸入関税を大幅に引き上げるという強硬手段に打って出たのだった。

米国の利上げに加え、エルドアン大統領による失政、さらに対米関係の緊張が重なるかたちで、トルコは通貨危機に陥ったことになる。ただ当時、トルコの経済ファンダメンタルズは悪化が顕著だったことから、対米関係が緊張しなくても、トルコは早晩通貨危機に陥っていたと考えられる。

†通貨危機の悪影響

リラ相場の下落に歯止めをかけるためトルコ中銀は利上げを行わざるを得ず、18年9月、政策金利(一週間物レポ金利)をそれまでの年17・75%から年24・0%まで引き上げた。4月までの政策金利は8%であったため、約半年で16%も引き上げられたことになる(図3-2)。

その後リラの対ドル相場は、スワップ市場での取引停止もあり、また対米関係改善の期待などから、1ドル5リラ台まで値を戻した。ただエルドアン政権に対する投資家の不信や低調な経済、周辺諸国との関係緊張などから、リラはその後も歴史的な安値圏で推移しており、本格的な上昇気流には乗れていない。

こうしたなかで、トルコは20%を超える強烈なインフレに苛まれるようになった。物価高と金利高を受けて景気は悪化し、２０１８年の実質経済成長率は２・６%増と、17年の７・４%増から急低下、19年はマイナス成長が確実な情勢となった。当然、失業率が急上昇するなど雇用情勢も悪化した。

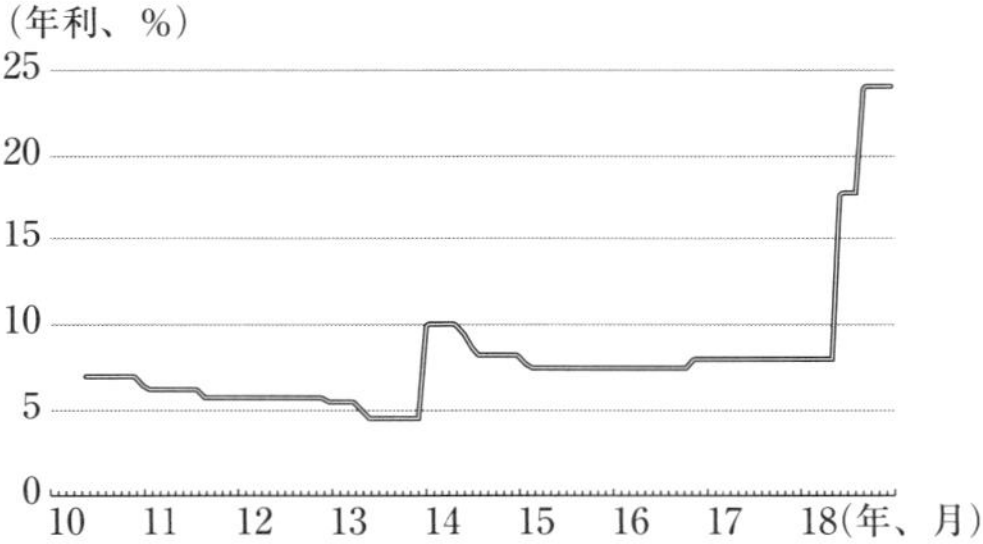

図３-２　政策金利
（注）一週間物レポ金利
（出所）トルコ中央銀行

トルコは人口が８０００万人を超す中東の大国だ。かつて米投資銀行大手のゴールドマン・サックスは、有望な新興国としてＢＲＩＣｓ（ブラジル、ロシア、インド、中国、南アフリカ）という概念を提唱したが、それに続く有望な新興国11か国（ネクスト11）の１か国にトルコは数えられていた。それだけ期待されていた経済でもある。

そしてトルコは中東で最も西にある。言い換えれば、最も欧州に近い中東の大国だ。初代大統領ムスタフア・ケマル（任期1923〜38年）以来、世俗主義と民族主義、共和主義に基づく近代化路線（ケマル主義）を歩み、経済面では外資を積極的に導入したこともあり、一定の工業化に成功してきた。

だが他方で、トルコ経済の構造的な欠陥として原材料や部品の輸入依存度が高いという問題があった。農作物や工業品の生産にあたり、それらを輸入に頼る体質を長らく改善できなかったのである。そのため、18年8月の通貨危機で強烈な輸入インフレに苛まれ、経済は大混乱に陥った。

エルドアン政権は、利上げに加えて経済の統制を強めることで、インフレの過熱を抑え込もうとした。野菜を農家から直接買い上げ、市場価格よりも安価に提供する販売所をアンカラやイスタンブールといった都市部に複数開設したことは、その端的な事例だ。

その他、銀行に対して融資の金利を割り引いたり、商店には販売の価格を引き下げるように要請した。あくまで「自主的」な取り組みを強調しているが、これは明らかにトルコ政府による命令であり、事実上の価格統制を敷こうとしたわけである。

輸出企業に対しては、輸出先から支払われる外貨の80％を強制的にリラに交換する命令を出した。そうした企業は原材料や部品を輸入しており、その支払いは外貨で行われるにもかかわらず、である。企業にそうしたコストを背負わせてもなお、外貨の流通に歯止めをかけようとしたわけだ。

こうした手法は、市場に委ねるべきモノやサービスの価格形成を歪めることから、本来インフレ対策としては禁じ手となる。インフレを抑えつけるためには過熱した需要を抑制する必要があるが、そのためには金融政策のみならず、増税や歳出減などで財政を緊縮させなければならない。

もっともこれらの政策を採れば、景気悪化に拍車がかかる。有権者の支持をつなぎとめるため、国民に痛みを強いることができないエルドアン大統領は、その場しのぎの経済運営に終始している。場当たり的な政策が通貨危機をもたらす遠因になったにもかかわらず、エルドアン大統領はそれを繰り返しているわけだ。

†通貨下落の背後で進んだドル化

リラ相場が下落したその裏で、トルコでは政府や中銀の意に反する形でドル化が着実に進んでいた。つまるところ、本書が問題とする「非公式なドル化」が進んだのである。18年8月に生じた通貨危機は、情報技術（ＩＴ）の発展もあり、トルコ経済における非公式

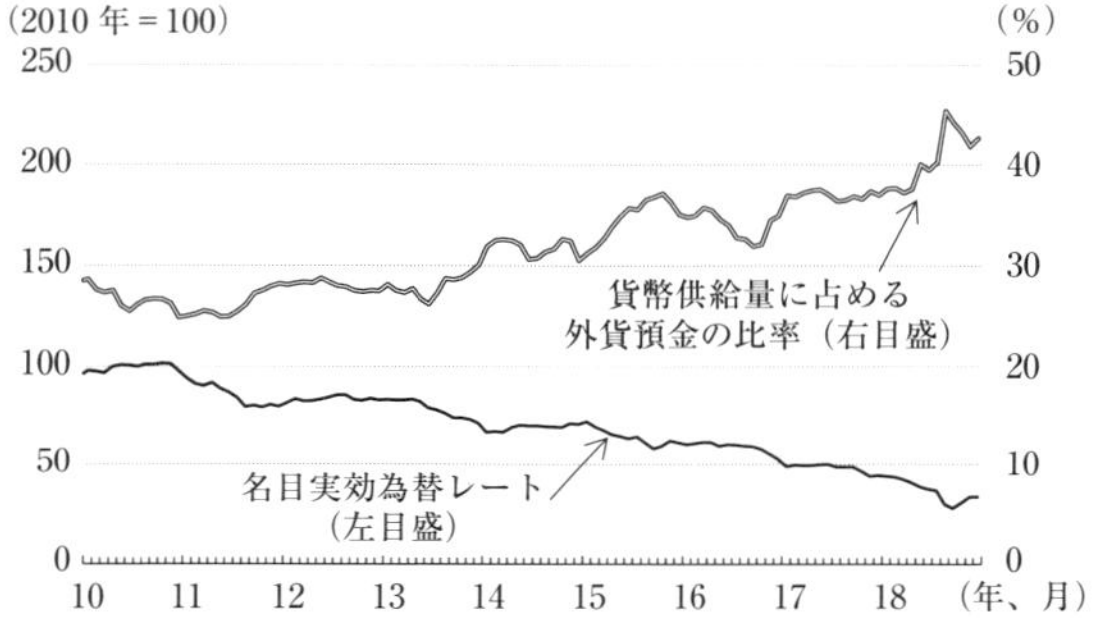

図3－3　通貨の下落で進むドル化
（注）貨幣供給量にはM3を採用
（出所）トルコ中央銀行、国際決済銀行（BIS）

なドル化をいっきに加速させた。

図3－3はトルコの貨幣供給量（市中に出回っている通貨や預金の総量、マネーサプライないしはマネーストック）に占める外貨預金の割合の推移を、リラの対ドル相場の動きと合わせて見たものである。貨幣供給量には「M3」と呼ばれる、現金や普通預金（M1）、定期預金（M2）に加えて、証券なども含めた最も広いカバレッジの指標を採用した。

これによると、リラ安と歩調を合わせるように、通貨供給量に占める外貨預金の割合が上昇していることが確認できる。ということは、リラ安が進むごとに（ないしはリラ安を見越して）人々は外貨預金を増やしていたことになる。通貨危機後のピーク時（18年8月）には、トルコの経済に出回る通貨や預金の実に半分近くを外貨預金が占めるようになった。

トルコでは、両替商や銀行窓口のほか、モバイルやパソコンを用いたネットバンキングで簡単に外貨を購入することができる。米ドルのほかにユーロや日本円など外貨の種類も豊富で、さらに貯蓄商品として根強い人気がある金（ゴールド）も購入可能である。

トルコの外替取引所（筆者撮影）

ネットバンキングの普及により、従来からある両替商での外貨取引は先細りしているという。イスタンブールにある最大のバザール、カパルチャルシュ（グランドバザール）の一角に、両替商が通貨を売買する取引所がある（写真）。その規模はかつてに比べると小さくなっており、取引高も年々減っているという話だ。

そこでの通貨取引はスマートフォンを通じて行われている。ブローカーが持つスマートフォンの画面には通貨の買値（アスク）と売値（ビッド）が表示され、リアルタイムで更新されていく。彼らは電源を差し込み、デリバリーされるチャイ（トルコ紅茶）をすすりながら、通貨を交換する。

なおエルドアン大統領と彼が率いる与党・公正発展党（ＡＫＰ）の支持者層には、低所得者層・高齢者層が多いとされる。彼らのなかにはネットバンキングにアクセスできない者も多い。そうした支持者に大統領は、手持ちのドル資金を市中の両替商でリラに交換し、リラ相場を支えるよう呼びかけ、実際に応じた者も少なくなかったようだ。

欧州に近いトルコでは、ＥＵの通貨であるユーロの信認もそれなりに強い。第二次大戦後に高成長を経験した西欧諸国にトルコの人々は出稼ぎに向かったが（ガストアルバイター）、彼らが本国に帰国する際、多額のドイツマルクを持ち込んだ。そのため、事実上ドイツマルクの後継通貨であるユーロの信認も高い。

ただ現実として、トルコの人々が資産防衛の観点から保有する外貨は米ドルが圧倒的なようだ。米国との距離は離れているものの、人々は古くから米ドルに親しんでいた。歴史的な遺産や景勝地が多いトルコには世界各国から旅行者が訪れてきたが、彼らが主に持つ外貨は圧倒的に米ドルである。

またトルコは、米ソ冷戦下で結成された多国間軍事同盟である北大西洋条約機構（NATO）にも加盟している。そのため、トルコ軍の基地の中には米軍が利用できる施設もある。反米意識も強いトルコであるが、同時に米国に長い間依存してきた歴史を持つ。その歴史がドル化という経済現象にも反映されているわけだ。

2　過去の通貨危機の経験

†1994年の通貨危機

18年8月にトルコは通貨危機に陥ったが、90年代以降のトルコはそれまでにも2回の通貨危機（1994年と2001年）に見舞われている。通貨危機とは言えないまでも、為替レートが急落した局面も幾度とある。要するにリラは、18年8月の通貨危機以前から、極めて不安定な通貨であったわけだ。

1994年1月の通貨危機は、格付け機関によるトルコ国債の格下げをきっかけに生じた。1993年12月、トルコ政府が国債の入札を中止、これを問題視した格付け会社が1

994年1月にトルコ国債をジャンク級（投資不適格級）に引き下げ、これがトリガーとなりトルコから資本流出が加速したのである。

トルコは当時、官僚の高給、農業や国営企業への補塡、軍事費の増大などで財政が悪化していた。政府は財政赤字を賄う目的で国債を発行していたが、信用力が低く投資家による購入が見込めなかった。そのため政府は中銀に国債を買いとらせることで、財政赤字を補塡した。いわゆる「財政ファイナンス」が行われていたことになり、通貨の下落は時間の問題であった。

投機的なリラ売りを受けて固定相場制度を放棄した結果、それまで1ドル15000リラ（旧リラ）程度であった為替レートは、2月末には1万8000リラ台に、3月末には2万リラ台まで下落した。4月に入るといっきに3万リラ台に突入し、同月7日には3万9900リラと3か月近くで半分以上も価値が下落したことになる。

通貨危機が生じた結果、1994年の実質GDP成長率は約5％減と、トルコ経済は深刻な景気後退に陥った。まもなく消費者物価は100％を超え、ハイパーインフレとなった。この事態を受けてトルコはIMFに緊急支援（スタンドバイ取極）を要請したが、翌年に前倒し総選挙が行われることになったため、取極を放棄した。

背景には、スタンドバイ取極の条件（コンディショナリティ）としてＩＭＦがトルコ政府に財政緊縮と金融引き締めを課したことがある。当時のトルコ経済が安定化するためには必要不可欠な政策であったが、当然景気は冷え込むことになる。当時のチルレル首相（任期は93年6月〜96年3月）は経済の安定よりも選挙を優先したわけだ。

代わってチルレル首相は、ＥＵとの関税同盟の締結（１９９５年3月）や国有企業の民営化などでトルコ経済の再生を図ったが、それだけでは疲弊した経済を立て直すことはできなかった。財政緊縮と金融引き締めを放棄したことでリラ相場は下落に歯止めがかからず、95年末には1ドル6万リラ台に突入し、その後も下落が続いた。

この間のトルコでは、経済危機のみならず政治不信も高まっていた。危機対応が後手に回る一方で、チルレル首相はクルド人勢力（クルディスタン労働党、ＰＫＫ）に対する取り締まりを優先し、首相府の機密費を独断で引き出すといった問題行為を起こしていた。その後、自身の不正蓄財疑惑もあり、96年3月に退任した。

加えて、96年11月に起きたススルック事件（西部のバルケシル県のススルックで起きた自動車事故を発端とする政治スキャンダル。ＰＫＫに対して非合法な対策が採られたことが明らかになった）や、00年2月に発覚した武器の不正輸入事件など、人々の政治不信が高まる出来事も相次いだ。こうしたなかでチルレル首相後の指導者もトルコ経済を立て直すことができなかったのである。

チルレル首相退陣後に進んだ数少ない経済の体質改善の一つに、財政ファイナンスの制限がある。具体的には、中央銀行による政府短期証券（政府が一時的に生じる資金不足を補うために発行する期間1年未満の国債）の買い入れが97年に禁止され、中央銀行の独立性がある程度担保された。

ただ国債の買い入れ禁止は２００２年まで待たねばならず、また当時の不安定な政治・経済環境の下では、通貨の信認は回復しなかった。通貨の下落が続く中で、トルコの消費者物価は前年比80％の上昇率が定着することになり、市中にはリラの超高額紙幣（最高は２０００万リラ札）が出回ることになった。

†２００１年の通貨危機

94年に生じた通貨危機以降の混乱が続く中で、トルコは２００１年2月にも通貨危機に見舞われた。その前年11月、トルコでは中堅銀行のデミルバンクの資金繰りが悪化したことに伴って金融不安が生じていた。そして資金繰りに窮した同行が多額のトルコ国債を売却したことで金利が急騰し、銀行間市場が機能不全に陥ることになった。

事態を憂慮したＩＭＦが12月に緊急融資を行い、いったん小康状態となったが、翌01年2月19日に当時のセゼル大統領（任期２０００年5月～０7年8月）とエジェビト首相（任期１９９9年1月～２００2年11月）の政権運営方針に関する対立が明らかになると、金融不安が本格化して危機的状況を迎えた。

トルコは当時、リラ安を和らげるためにクローリング・ペッグ制という一種の固定相場制度を採用していた。実際、通貨危機が生じる直前数か月の為替レートは1ドル68万リラ程度で推移しており、相場は比較的安定していた。しかし大統領と首相の対立を受けて銀行が安全資産である米ドル買いに走ったため、銀行間金利は８０００％台まで急騰した。

こうした事態を受けてトルコは01年2月21日にクローリング・ペッグ制を放棄せざるを得なくなり、変動相場制度に移行した。トルコリラの対ドル相場はいっきに1ドル１４０万リラ直前まで下落し、トルコ経済は94年以来の通貨危機に陥ったのである。当然景気も悪化し、政府はＩＭＦと世銀から多額の融資を受けることになった。

この２００1年の通貨危機は二つの重要な変化をもたらすことになる。一つは、この危機がきっかけとなって金融システム改革が進んだことだ。同年4月に中銀法が改正され、トルコ中銀の独立性が保障されるとともに、金融行政が中銀とは異なる金融庁（ＢＲＳＡ）の所管になるなど金融当局の近代化が行われた。

またトルコ版の金融ビッグバン（規制緩和）が施行され、銀行の統廃合や不良債権処理が進んだ。ＩＭＦの指導による一連の改革を受けて、トルコの金融システムが健全化・近代化へ向かったことが、後に２０１８年８月に生じた通貨危機に伴うショックをある程度緩和させたと評価されている。

もう一つの重要な変化は、２００１年の通貨危機がエルドアンの率いる公正発展党（ＡＫＰ）の台頭をもたらしたことだ。有権者は度重なる通貨危機で疲弊した経済の立て直しを、当時は気鋭の政治家であったエルドアンに託したのである。03年３月に首相に就任したエルドアンは、ＩＭＦに従って財政健全化に努め、インフレの抑制に成功した。

さらにエルドアン政権は、低所得者層への生活支援を重点的に行い、社会不安を和らげることにも成功した。外交面ではＥＵとの関係改善を進めたことで、トルコに多くの企業を呼び込み、工業化を加速させることになった。エルドアン首相は見事にトルコ経済を立て直したわけだ。

加えてエルドアン政権は、この流れのなかで２００５年１月１日に額面が増え過ぎたリラのデノミネーション（デノミ）を行い、それまでの100万旧リラを1新リラに切り替えた。いたずらなデノミの強行はインフレを加速させる性格を持っているが、当時のトルコ経済は安定していたため、このデノミは成功した。

もっとも2008年秋の世界金融危機や11年のシリア内戦勃発を受けてトルコ経済が不調に陥ると、歩調を合わせるようにエルドアン政権は独裁色を強めることになる。14年にエルドアンは大統領に転じたが、独裁体制を強化していくなかで、投資流入は先細りし、経済の安定性も失った結果、18年8月にトルコは通貨危機へ陥るのである。まさにエルドアンの登場は、トルコの政治と経済が抱える病理の深さを体現する現象であったと言えよう。

†ハイパーインフレの記憶

以上で確認したように、トルコは過去にも通貨危機に見舞われ、そのたびにハイパーインフレに苦しんだ歴史がある。こうした記憶が刷り込まれているために、国民のリラに対する信認は非常に低いわけだ。よってリラが下落しようものなら、人々はすぐに現金を外貨に換えてしまう。ドル化はトルコに染みついた経済現象だ。

通常、物価は需要と供給のバランスによって決定される。需要が強ければ物価は上昇するし、供給が強ければ物価は下落する。加えて、物価は過去のトレンドにも依存する。過去の物価のトレンドから、人々は現在、そして将来の物価を予想するためだ。人々が将来の物価に対して持つ予想は、インフレ期待と呼ばれる。

ハイパーインフレに苛まれると、人々のインフレ期待が非常に強くなる。財政政策や金融政策を引き締めて需要を抑制するだけでは不十分で、人々が持つ根強い将来不安を何らかの手法で和らげる必要がある。具体的には、通貨が土地や金など貴金属と無制限に交換できることを、政府が保証（裏付け）する必要がある。

過去にこうした手法でハイパーインフレの収束に成功したケースとして、第一次大戦後のドイツの経験がある。ドイツは当時、第一次大戦の賠償金を支払うために紙幣を増発した結果、ハイパーインフレに陥っていた。物価は数万倍まで跳ね上がったが、1923年に土地の価格に結び付けた新通貨（レンテンマルク）が発行されてようやく落ち着いた。

厳格な固定為替相場制度を導入することも、インフレ期待を和らげる上で有効な手立てになる。米ドルやユーロとの間で為替レートを固定して交換を保証することで、人々の不安を鎮めることができるためだ。例えば1990年代にハイパーインフレに陥った中東欧諸国は当時のドイツマルクとの間で固定相場制度を導入し、インフレの鎮静化を図った。

ただ裏付けするものが実物資産だろうと主要通貨だろうと、その交換を政府が保証し続けなければならない。そうでないと、人々が政府に対して抱える不信感など和らぐわけないが、それが最も難しい。トルコのように、目先の選挙対策を重視する政治家から干渉を受け易いためである。いずれにせよ、通貨危機が繰り返されるような環境で通貨安が生じれば、すぐにインフレ期待が高まることになってしまう。

2018年8月に生じた通貨危機は、01年の通貨危機から17年の歳月が経っていた。当時、既に青年期や中年期を迎えていた人々にとって、その記憶は生々しい。忘れていたとしても、危機をきっかけにかつての苦境が思い出されることになる。ハイパーインフレの記憶に囚われるなかで人々は外貨を買い入れるため、ドル化は改善しない。

エルドアン大統領は支持基盤である低所得者層や高齢者層に対してバラマキ政策を行い、支持をつなげとめてきた。見方を変えれば、バラマキ対象以外の人々からの不信感は非常に強い。政府を信用できない状況下では、ドル化が和らぐとしても一時的な現象にとどまる。

エルドアン大統領が退場し、新たな指導者が生まれたとしても、トルコの人々は過去の経験に基づく根深い政治不信を抱えている。そのため、新たな指導者が名相だとしても、その次の指導者が愚相なら、結局過去の苦い記憶が呼び起こされることになる。リラの信認は容易に回復せず、ドル化が抜本的に改善されることは期待し難い。

こうしてドル化が進んだ結果、トルコでは貯蓄のみならず、経済成長の源泉になる金融活動やインフラ開発もまた米ドルなどの外貨建てで行われるようになった。このことを次節で解説したい。

3 ドル化とトルコ経済

†融資も預金も外貨建てで行われる世界

図3-4は、トルコの銀行部門（中銀を除く）の貸借対照表（バランスシート）の構成を見たものだ。これが明確に示すように、トルコの銀行の預金の半分近くが外貨（含む金）で行われている。一方で、銀行の貸出も4割近くが外貨によって行われている。なぜトルコの銀行は、貸出も外貨建てで行うのだろうか。

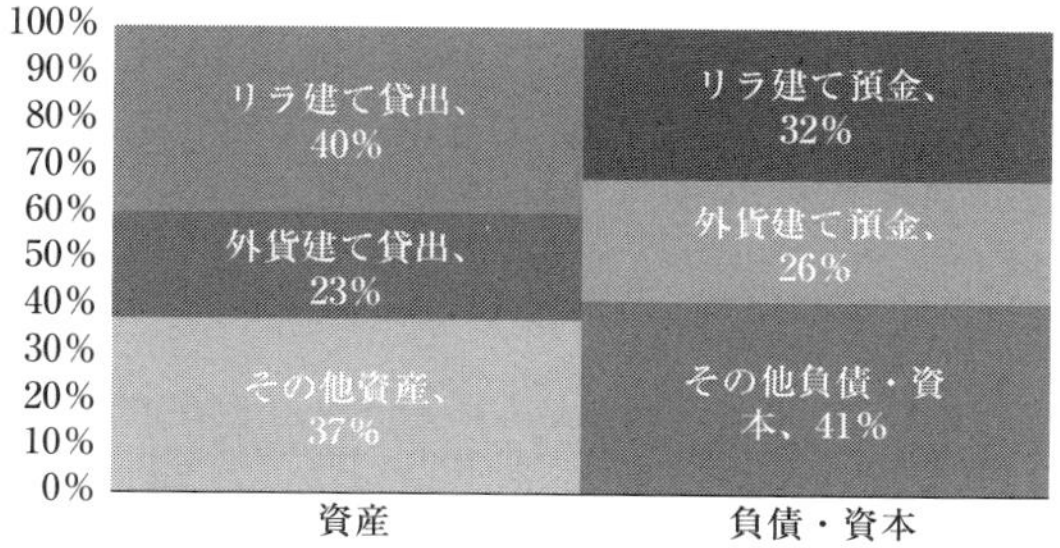

図3－4　トルコの銀行部門のバランスシート（2018年末時点）
（出所）トルコ中央銀行

金融仲介機関である銀行にとって、集める資金は負債となり、貸し出す資金は資産となる。負債と資産の間には期間および通貨でミスマッチが発生するため、それにかかわるコストを銀行は最小化しようと試みる。こうした銀行による取り組みはALM（資産負債管理、アセットライアビリティマネジメント）と呼ばれる。

日本では長年、銀行の預金と貸出の圧倒的な部分が日本円で行われてきた。そのため為替レートの変動リスク（為替リスク）よりも、主に預金と貸出の期間がずれるリスク（期間リスク）がALMの中心であった。特に貸出に比べると預金は満期が短いため、貯蓄商品（定期預金や割引債など）で預金の満期の長期化が図られた。

ただトルコのように銀行の預金の半分が外貨で行われている場合、貸出をリラで行うと為替レートの変動に伴い様々な不都合が生じる。特に問題なのは、リラが下落

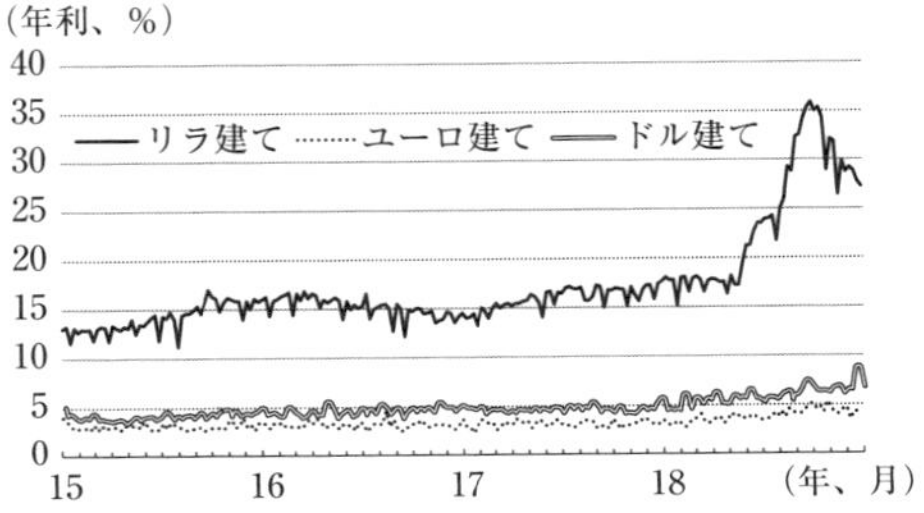

図3－5　トルコの貸出金利
（出所）トルコ中央銀行

する場合である。リラの下落によってリラ建て資産の価値が目減りし、外貨建て負債の価値が膨らむため、銀行の返済負担が重くなるからだ。

通貨リスクを回避するためには、銀行が外貨建て預金を減らすことが考えられる。ただリラの信認が低下し、ドル化が進んだトルコで外貨建て預金を減らすことは困難である。この場合、貸出そのものもいっそ外貨建てで行えば、銀行は為替リスクを緩和できる。

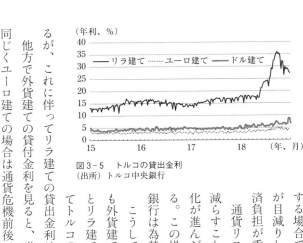

こうしてトルコでは、預金と貸出の半分近くが、いずれも外貨建てで行われるようになっている。当然、外貨建てとリラ建てでは金利の水準が全く異なる。通貨危機を受けてトルコの政策金利は18年9月に24％に引き上げられているが、これに伴ってリラ建ての貸出金利は20％台から30％台に上昇した（図3－5）。

他方で外貨建ての貸付金利を見ると、米ドル建ての場合は5％台から6％台への上昇に、同じくユーロ建ての場合は通貨危機前後で4％台から5％台への上昇にとどまった。極端に言えば、外貨建てなら1％の金利上昇で済むところ、リラ建てなら10％の上昇が必要になる。それほど、リラの信用力は低いということである。

銀行を介した金融仲介取引の半分が外貨建てで行われれば、リラ建ての金利操作を通じて実施される中央銀行による金融政策も効き難くなる。むしろ米ドル建ての取引は米国の中銀であるＦＲＢ（連邦準備制度理事会）の、ユーロ建ての取引は欧州中央銀行（ＥＣＢ）の金融政策の影響を受けることになる。

リラ建ての預金と貸出が増えなければ、トルコは自立的な経済成長を実現することができない。ただ度重なる通貨危機でリラの信認が低下した現在、脱ドル化を通じて経済を立て直すことは、非常に難しいと言わざるを得ない。

†未だにドル建てで行われるインフラ開発

ドル化が進んだトルコでは、インフラ開発が米ドル建てで行われ続けている。現代のインフラ開発は、かつてのように世界銀行などによる公的機関からの支援に基づくものではなく、官民パートナーシップ（ＰＰＰ）形式で行われるものが主流だ。同時にこのＰＰＰによるインフラ開発は、政府の「隠れ債務」問題とも密接に関わっている。

トルコは一人当たりＧＤＰが既に1万ドルを超えているとされ、新興国としては中進国の部類に入り、本来なら自立的なインフラ開発が求められるステージにある。ただ非公式なドル化が進んだ経済であるため、国内の貯蓄率は低い。そのためＰＰＰ形式で民間の投資家から資金を募ることでインフラ開発を進めているのだ。

リラの信認が高ければ投資家はリラでの資金調達に応じるが、信認が低いため米ドルでの調達とならざるを得ない。そのため、ＰＰＰ形式でのインフラ開発は米ドル建てで行われる。特にトルコでは、ＰＰＰの中でもＢＯＴと呼ばれる方式が主となっている。

ＢＯＴとは、民間企業がインフラを建設（ビルド）し、運営（オペレート）を行ったうえで、政府に譲渡（トランスファー）する方式である。譲渡までに10年以上かかるため、その間は民間の資産・負債として計上される。このことが「隠れ債務」と言われるゆえんである。

トルコの17年時点の公的債務残高は、対ＧＤＰ比で28・3％と、通貨危機が生じた01年時点（76・1％）に比べると、財政健全化が見かけ上はかなり進んだと言える。ただその裏では、財政健全化の進捗と反比例するように、ＢＯＴ方式によるインフラ開発の増加を受けて「隠れ債務」が膨らみ続けている。

代表的なものとして、オスマン・ガーズィー橋の建設計画がある。これはイスタンブールのイズミット湾にかかる巨大な吊り橋の建設計画であるが、国際入札を経て、ゼネコン6社（トルコ5社、イタリア1社）で構成される共同事業体NOMAYG社が落札し、日本の大手ゼネコンが建設の発注を請け負った。

この吊り橋は16年7月に開通し、NOMAYG社と同じ株主で構成されるOYIAS社に15年間運営が委託された。トルコ最大の都市イスタンブールと第三の都市イズミルを結ぶ高速道路計画の一部をなすものであるが、部分開業の状態とはいえ、当初の需要見込みを下回る稼働状況が続いている。

事業を運営するOYIAS社はリラ建てで通行料の取り立てを行うが、返済は米ドルを用いる。そして政府は、OYIAS社に対して事前の需要予測に基づいた支払いを保証している。18年8月の通貨危機によって為替レートが下落した結果、政府による補償コストは膨らむことになったわけだ。

同様の事態は、既に開業したその他の建設計画、例えばイスタンブールのボスポラス海峡の第三大橋や海底トンネルにおいても指摘されている。エルドアン大統領が威信をかけて建設したイスタンブールの第三空港に関しても同様だ。ドル化が進んだトルコで行われているインフラ開発はかなり危うい均衡の下で成り立っている。

なおPPPは建設インフラだけではない。生活インフラである医療サービスも、それを提供する病院の建設もPPP形式で行われている。17年には日本の大手商社が、国際協力銀行（JBIC）による融資を仰ぎながら、イスタンブールの大規模公立病院（イキテリ総合病院）の施設運営に参画している。

確かにインフラ開発はトルコの経済成長の牽引役の一つであるが、それは将来世代にツケを払わせる不健全な形で行われている。米ドル建てで資金調達が行われている以上、将来世代の負担はリラ相場の動向に左右されるが、リラ相場はこれまでも一貫して下落し続けているため、非常に悲観的な予想をせざるを得ない。

†今後も経済発展を制約するドル化

トルコ経済の歴史のなかで、今回の通貨危機はこれまでの通貨危機にない特徴を持っている。それは政権の交代を伴っていないということだ。従来の通貨危機では、時の政権が必ずと言っていいほど交代を余儀なくされていた。しかし18年8月の通貨危機を受けても、エルドアン政権は退場しておらず、むしろ強権的な動きを強めている。

これまでは固定相場制度の下、経済の実勢に比べて通貨が割高となるなかで通貨危機が生じていた。投機に負けて固定相場制度を放棄すれば、為替レートは当然暴落する。いきなり臨界点を超えるわけであるから、経済へのショックは非常に強くなる。この強烈なショックがトリガーになって政権交代が起きるパターンは世界中で見られてきた現象だ。

一方で、今回トルコが18年8月に経験したのは、本格的な変動相場制度に移行して初めての通貨危機だった。変動相場制度の場合、為替レートが暴落するとしても、それ以前から為替レートが徐々に下落しているため、固定相場制度がいきなり放棄された場合に比べると経済へのショックはマイルドになる。

現に今回の通貨危機は、それが生じる以前の段階でもリラ安が着実に進んでおり、その間にリラ安に伴う経済への悪影響も緩やかに調整されていたと考えられる。第5章で後述するが、これは新しいタイプの通貨危機と言えるのではないだろうか。なぜなら、従来の通貨危機はあくまで固定相場制度の崩壊という形で生じていたからである。

既に述べたように、従来の通貨危機では、固定相場制度の崩壊で経済に強い悪影響が生じるため、時の政権が退場するケースがほとんどだった。ただ今回のように変動相場制下で生じた通貨危機では、経済への悪影響も緩和されることから、政治の新陳代謝が遅れる恐れがあることを我々に見せつけた。

トルコ政府は19年3月の統一地方選前に、リラ売り圧力を和らげるために国内の銀行に対して外国人投資家との間でリラの取引を行わないように場当たり的な命令を下した。エルドアン政権下でリラの信認が回復し、ドル化が根本的な意味で改善する可能性は極めて低いどころか、まずないと言える。

このように場当たり的なリラ安対策が採られた結果、リラのスワップ金利は一時ロンドン市場で瞬間的に1200％まで急騰するなど、異常な事態が続いた。リラの安定が図られるのはエルドアン政権が退場し、トルコの政治と経済の運営が正常化した後になる。ただそれ以降もトルコの安定が続くとは限らない。

それどころか、過去のパターンを振り返れば、トルコは80年代以降、一貫して政治不安と経済危機、通貨危機を繰り返している。この記憶を抱える人々は、米ドルなどの外貨や金、また土地といった実物資産を購入して資産防衛を図る。この傾向は為替レート次第で和らぐこともあるが、根本から変わることはない。

それでも、トルコの経済は発展してきた。ただそれは世界経済、特に欧米経済の成長に過度に依存する形での発展だ。言い換えれば、トルコは自立的な発展の機会を逸し続けてきたわけである。リラの信認が回復してドル化が改善しない限り、貯蓄率の上昇に伴う自立的な経済発展は見込み難い。

ドル化は経済運営の結果であるが、その後の経済運営を制約する原因にもなる。故に今後もトルコの経済発展を制約することになるだろう。同時に、トルコの経験は、次章で読み解くアルゼンチンの経験と合わせて、一度ドル化が進行するとそこから脱却することが極めて困難であるという事実を、我々に投げかけている。

コラム

イスタンブールでのドル化体験

筆者は18年8月の通貨危機が経済にどのような悪影響を及ぼしたかを調査するため、同年10月上旬にトルコ経済の中心地イスタンブールを訪問し、何名かの有識者に対してヒヤリング調査を実施した。通貨危機から2か月近く経った状況でリラ相場は下落に歯止めがかかっており、表立った形での混乱は見られなかった。

ただ通貨安に伴うインフレ加速の痕跡は至る所に見られた。ロカンタと呼ばれる大衆食堂では店先にメニューと価格が掲げられていることが多いが、多くの箇所で手書きによる修正が加えられていた。このときの滞在で、筆者はトルコで進んだ非公式なドル化の姿を味わうことができた。

筆者が宿泊したホテルは、グローバルに展開する大手のホテルチェーンに属していたが、予約時に求められた料金はユーロ建て表示であった。現地で実際に料金を支払う際、クレジットカードを利用したが、リラよりもユーロでの決済を勧められた。こうした対応は通貨危機以前から慣例化しているそうだ。

イスタンブールの新市街にイスティクラル通りというメインストリートがある。新市街ボスポラス海峡を臨むガラタ地区と繁華街の中心部タクシム広場とを結ぶ目抜き通りで、途中は厳しい上り坂になっている。その上り坂には外国人客に対して良質のキルトを売る土産物店があったが、そこの価格表示は完全にユーロ建てであった。

バリック・パザルで売られている加工品（筆者撮影）

こうしたことを、筆者はトルコでなくても東南アジアなどで何回も経験している。筆者がトルコでドル化の浸透度合いを感じたのは、イスティクラル通りから離れた魚市場（バリック・パザル）での出来事である。トルコ語では「魚市場」を意味する一角だが、魚屋と飲食店の集積と表現する方が正しいかもしれない。

この一角では生魚のほか、魚介類の加工品が豊富に売られている（写真）。そこには、日本で言うカラスミやタラコといった魚卵の塩蔵品に加えて、マグロやカツオといった魚の身のオイル漬けや塩漬けなどが並んでいた。トルコ人が経営する近隣の魚料理のレストランか地元の人々向けの商売のようだ。

筆者はそうした店の一つで魚の身の塩漬けを買った。値札はトルコリラ表示であったが、支払いの際、試しに米ドル紙幣で払えないか交渉を行った。店員と常連客と思しきトルコ人がその場で簡単な話し合いをすませ、店員は電卓をたたきながら、米ドルに直した価格を筆者に提示してきた。

その際に提示されたドル建ての価格は、市中でいくつか回って確認した両替商のレートで計算した結果とほぼ変わらなかった。通常こうしたケースの場合、為替の交換手数料もあるため、米ドルなど外貨で払おうとすると割高に請求されることが多いが、このときは実にリーズナブルだった。

なおイスタンブールでは、両替商で米ドルをリラに交換する際、売値と買値の差（スプレッド）が非常に狭い。ネットバンキングの台頭もあって交換手数料が低くなっているようだ。そのため米ドルで支払っても、リラで払うときに比べて割高に請求されることはなかったのだと考えられる。

観光客を相手にする店だけでなく、トルコの人々も日常的に利用するような食料品店でさえ、米ドルでの支払いに応じてくれる。それだけイスタンブールでは、米ドルが日々の経済活動に浸透しているということだろう。アンカラやイズミルといった都市部や観光地でも同様のことが指摘できるのではないだろうか。

より専門的に言えば、トルコのドル化は資産防衛を目的とした「金融のドル化」の段階から、決済の円滑化を目的とした「決済のドル化」の段階にある程度移行している様子を、筆者は目の当たりにしたことになる。段階が進んでいる分、トルコの非公式なドル化は根深いと言える。

第４章
国力衰退をもたらしたドル化
——アルゼンチンのケース

ブエノスアイレスのフロリダ通り（124頁参照）

前章でのトルコに続き、本章では、アルゼンチンで進んだ非公式なドル化の経験について論じてみたい。アルゼンチンもまた、長期間にわたって不安定な経済を抱えている。18年8月に起きたトルコ通貨危機の余波を受けて、アルゼンチンの通貨は急落し、政策金利は70％以上まで引き上げられた。

第二次世界大戦前まで、アルゼンチンは先進国の一つとして数えられていた。首都ブエノスアイレスは「南米のパリ」とも言われ、世界有数のコスモポリスであった。そのアルゼンチンが戦後、没落の一途をたどり、先進国から中進国に衰退してしまった。この過程で非公式なドル化が進むことになったのである。

アルゼンチンは2001年から02年にかけて深刻な通貨危機を経験しており、これがアルゼンチン経済の破綻を決定的なものにした。18年8月の通貨危機も、結局はこの延長線上にある。トルコと同様に、アルゼンチンもまた過去の通貨危機の経験に囚われ、非公式なドル化に苛まれ続けているのである。

1　リラ危機からペソ危機へ

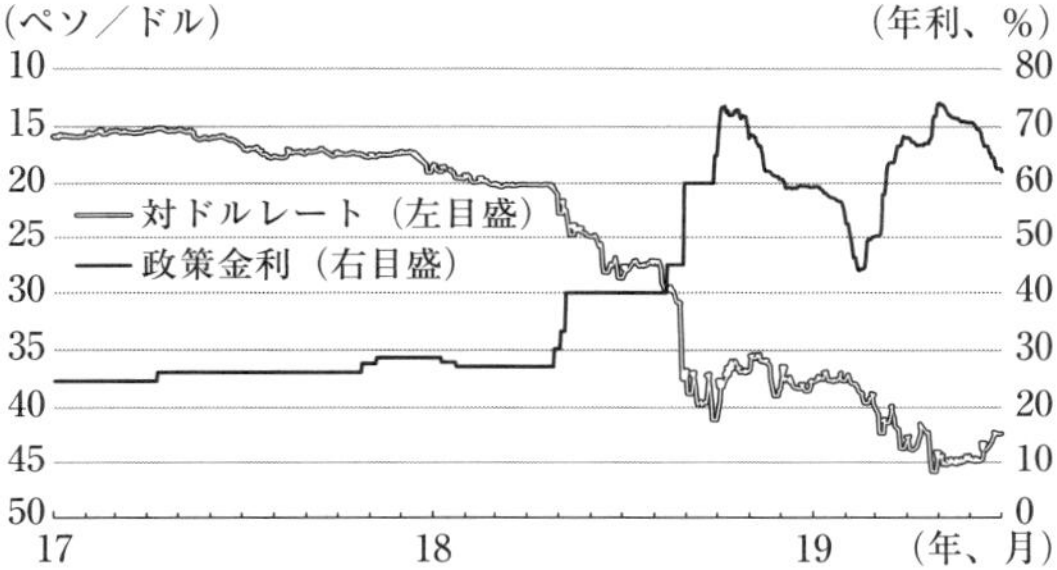

図４－１　ペソの対ドルレートと政策金利
（注）18年10月から政策金利は日々連動する方式に変更された
（出所）アルゼンチン中央銀行

通貨危機の背景

２０１８年８月10日、トルコの通貨リラが暴落した。このことを受け、世界の金融市場ではリスク回避の流れが強まり、新興国の通貨は軒並み下落した。なかでもアルゼンチンの通貨ペソの下げは強烈だった。具体的には、１ドル27ペソ程度であった為替レートが、いっきに40ペソ台まで急落したのである（図４－１）。

トルコを発端とした通貨危機の波にのまれる形で、アルゼンチンも通貨危機に陥ったことになる。ではなぜその波はアルゼンチンに一際強く押し寄せたのだろうか。背景には、長年にわたる経済の混乱とその収束に当たったマクリ大統領（任期２０１５年12月～）の対応の不十分さがあった。

２０１０年代前半のアルゼンチン経済は、10年には

10・1%、11年には8・9%の高成長を記録したものの、12年以降は低迷に陥った。それまで計12年にわたったペロン党左派による経済運営（貧困層への補助金や各種手当などを通じた所得分配を重視するバラマキ型の経済運営、通称キルチネリズム）が行き詰まり、2014年7月には政府が02年以来のデフォルト（債務不履行）に直面した。

2015年12月に就任したマクリ大統領に期待されたことは、混乱に陥ったアルゼンチン経済の再建にほかならなかった。当初、改革路線の大統領に対して金融市場の評価は非常に高く、主要閣僚には改革志向の強い政治家や実務家が登用されるなど、経済再建に向けた布陣も整った。

マクリ大統領の構造改革の骨子は①財政・金融政策の引き締め、②為替レート改革（変動相場制度への移行と二重相場の解消）、③対外経済関係の改善（対外債務の解消と国際金融市場への復帰）という三つの柱で構成された。経済の自由化を進めることで、民間主導の経済成長を実現しようという戦略を描いたのである。

最も進んだのが②の為替レート改革だ。前フェルナンデス政権は、ペソ安を緩和するために固定相場制度を導入し、11年には資本規制を強化するなど為替レートの統制を強めた。その結果、公式の為替レートは経済の実勢に比べると割高となり、市中では別の闇レートが決まるという二重相場が形成されることになった。

二重相場が形成されると、何より貿易に支障が出る。政府や中銀は割高な公定レートでしか取引を認めないからだ。貿易収支が悪化すると、同様に経済のファンダメンタルズ（基礎的条件）も悪化することになる。公定レートと闇レートの間で生じる差額が政府の歳入に繰り入れられるため、通貨の信認がさらに弱くなるという悪循環にも陥ってしまう。

マクリ大統領は就任直後の15年12月17日、資本規制を撤廃して変動相場制度に移行した。その結果、実質的に3割の為替切り下げが生じたことになり、そこで公定レートと市中レートが収斂して二重相場は解消された。それによって人々のペソに対する信認が回復することが期待されたわけだ。

マウリシオ・マクリ大統領
（写真：ロイター／アフロ）

しかし要となる①の財政・金融政策の引き締めに関しては、民意に屈する形でなかなか進まなかった。改革の目玉であった年金改革については、給付年齢の引き上げ等を盛り込んだ法案が17年12月に成立したものの、給付の目減りに反対する労働組合や社会団体によってデモや暴動が生じるなど、混乱を招くこととなった。

その後、支持率の低下を恐れたマクリ政権は、財政の健全化や構造改革に二の足を踏むようになった。一方でアルゼンチン中銀は、18年1月、当時20％台の高インフレが続いていたにもかかわらず利下げを実施するなど、民意や政治に忖度した不適切な動きを見せた。

結局、財政赤字を中央銀行が補塡するという「財政ファイナンス」の状態が続くなかで、ペソ安が進行。マクリ政権は18年6月に国際通貨基金（ＩＭＦ）から５００億ドルの金融支援を受けることが決まったものの、歯止めはかからなかった。こうしたなかでトルコ発の通貨危機の波がアルゼンチンを襲い、ペソの暴落に至ったのである。

†政策金利70％の世界へ

ペソの大暴落を受けてアルゼンチン中銀は、８月13日に政策金利を年40％から同45％に引き上げ、８月30日にはさらに60％へと引き上げた。10月に入り銀行間の日々の需給に合わせて変動させる方式に変えたが、その結果政策金利は一時70％を超え、以降も高水準で推移している。

トルコも通貨危機直後には大幅な利上げを余儀なくされたが、18年9月時点で24％に引き上げられて以降は政策金利が据え置かれた。対してアルゼンチンの政策金利は一時70％まで上昇するなど、より異常な状況となっており、ペソを取り巻く環境の劣悪さを物語っている。

当然、銀行の貸出金利も高水準になった。アルゼンチン中銀によれば、企業向け貸出金利は、通貨危機が生じる直前の18年7月時点で39・6％であったが、その後利上げを受けて上昇し、18年末には64・9％に達した。2年経てば元本が3倍近くに膨らむような金利を支払って、ようやく企業は借り入れができるような状態にあるわけだ。

通貨危機を受けてインフレ率も急騰した。アルゼンチンのインフレ体質はもともと深刻であり、危機以前でも、統計局の公表する消費者物価上昇率は20％台半ばの高水準で推移している。それが危機直後の9月には40・3％と40％台に達し、その後もインフレ加速が進んだ結果、18年通年では47・6％と91年以来の高水準になったのである。

この過程で景気も急速に悪化した。アルゼンチンの実質GDP成長率は、歴史的な干魃の影響もあって18年第二四半期からマイナスとなっていたが、通貨危機が生じたことで第三四半期以降はその流れに拍車がかかった。大幅な利上げによって企業の資金繰りも悪化し、中小・零細企業の倒産が相次いだ。

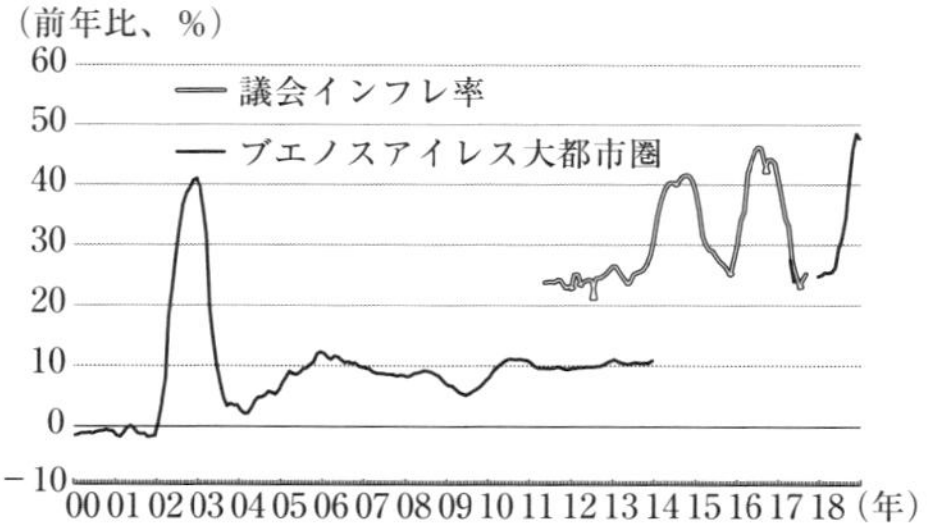

図4－2　アルゼンチンの消費者物価
（注）欠損分は確認できなかった部分、議会インフレは民間コンサル8社の推計の平均値
（出所）アルゼンチン統計局、在アルゼンチン日本国大使館

しかしアルゼンチン統計局の公表するデータが、経済の実勢をどの程度正確に反映しているかは疑わしい。アルゼンチンの経済統計は、ペロン党左派のキルチネル政権末期となる2007年以来、政府に都合が良いよう意図的に改竄されてきたことで知られている。

ＧＤＰ統計に関しては、プラス成長の場合は実勢よりも高く、マイナス成長の場合は控えめになるよう操作が行われてきた。物価統計に関して言えば、政府が物価連動債（元本が物価に左右される国債）の利払いを抑えるため、一貫して実勢よりも控えめに公表してきたという。

そのため野党議員は、信頼がおける民間8社の推計値を平均した都市部の消費者物価指標（議会インフレ率）を用いて、実勢を図ることに努めてきた。比較すると、議会インフレ率は公式指標よりも一貫して10～20％程度高い水準で推移している（図4－2）。

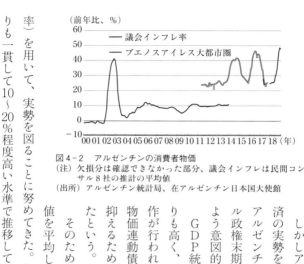

フェルナンデス政権末期の2014年には、IMFからのプレッシャーもあり、アルゼンチンは統計改革を実施することになった。この流れは改革志向のマクリ政権の下で強まり、GDP統計や物価統計の質は改善したと言われている。だが、実態をどの程度正確に反映できているかはなお疑わしい。

つまり、アルゼンチンのインフレの状態は、統計で公表されている内容よりも酷く、景気もGDPの内容以上に悪いと考えられるわけである。こうしたなかでアルゼンチンは、19年10月に次期の大統領選挙を予定している。再選を狙うマクリ大統領であるが、これまでさしたる経済的な成果を出せていない。

それればかりかマクリ大統領は、過去の失政にその責任があるとはいえ、結果的に通貨危機と景気悪化を招いてしまったことになる。ペソの信認を回復させるには財政緊縮が必要不可欠であるが、増税や年金・公共サービスのカットに踏み切れば有権者の支持離れを生むだろう。再選への道は厳しいものになると言わざるを得ない。

一方で再び左派が政権を奪取すれば、アルゼンチン経済に現在必要な構造改革の機運もしぼんでしまうだろう。それればかりか、マクリ政権が進めた為替レートの自由化や年金改革も撤回され、フェルナンデス政権時代の仕組みに戻ってしまうかもしれない。アルゼン

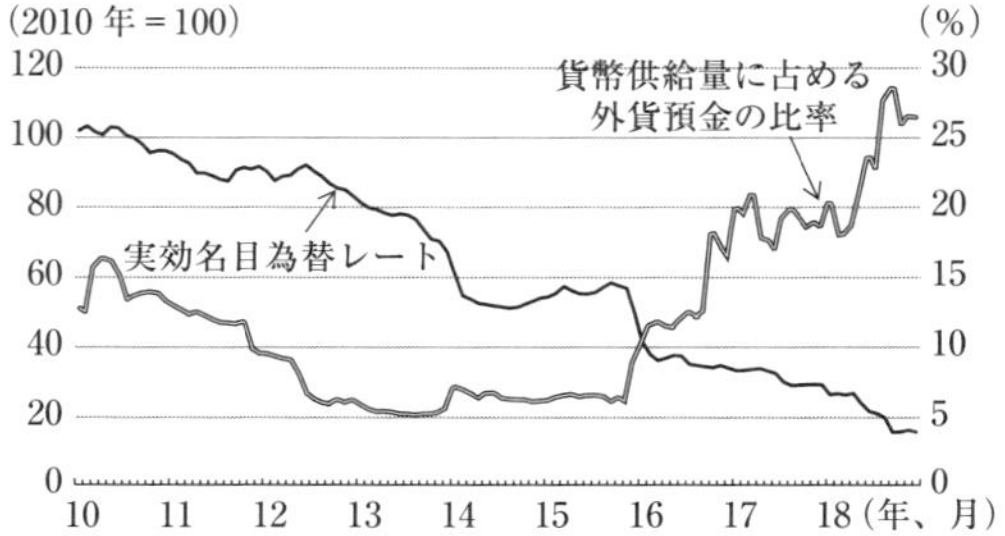

図4−3　通貨の下落で進むドル化
（注）貨幣供給量にはM3を採用
（出所）アルゼンチン中央銀行、国際決済銀行（BIS）

チン経済は今深刻なジレンマに陥っている。

アルゼンチンで進んだドル化

この過程で、アルゼンチンでも非公式なドル化が進んだ。マネーサプライ（M３）に占める外貨預金の比率は、ペソの下落に歩調を合わせる形で上昇した（図４−３）。アルゼンチンの人々もまた、資産防衛の観点から預金を外貨に換える動きを強めたと考えられる。

ただ、通貨危機後のトルコでマネーサプライの半分近くを外貨預金が占めたことに比べると、アルゼンチンではそれが25％程度にとどまっている。ではトルコの方が非公式なドル化が深刻かといえば、単純にはそうとは言い切れない。この指標はあくまで銀行口座を経由したドル化の指標であるためだ。

アルゼンチンは２００２年にも通貨危機を経験しており、ＩＭＦから金融支援を受けているが、その際に政府が預金流出を防ぐために銀行の預金口座を封鎖したことがある。具体的には、銀行預金の引き出しを週250ドルに、海外送金を月1000ドルにそれぞれ制限したのだ。

その結果、アルゼンチンでは銀行に対する信用が低下し、米ドルなどの外貨を手持ちで保有する傾向が強まった。不動産や自動車といった実物資産を購入して資産防衛の対策をとる人々も多くなったという。マネーサプライに占める外貨預金の比率の低さは、こうした行動を反映していると考えられる。

ちなみに、アルゼンチンでもトルコ同様にネットバンキングが盛んである。トルコの余波を受けてペソが暴落した際も、人々はネットバンキングを使ってペソ預金を外貨預金に換えていた。資産防衛手段としてのネットバンキングの有効性が、アルゼンチンでも示されたと言っていい。

また、ビットコインのような仮想通貨を購入することで資産防衛を図る人々も急増しているようだ。ただ、ふたたび預金封鎖が起こる懸念や、現金化にあたってのリスクを重視する人々も依然多く、米ドル紙幣を持つ傾向は根強い。

したがってアルゼンチンの場合、人々の多くが引き続き市中の両替商を通じてドル紙幣を得ているため、ドル現金の手持ち分はトルコ以上に多くなっている可能性が高い。故に、マネーサプライに占める外貨預金の割合がトルコよりも低くなったのだろう。この数値が低いからといって、アルゼンチンの方がトルコよりドル化が軽微であると判断することはできないのだ。

ここで首都ブエノスアイレスの両替事情を簡単に説明しよう。繁華街のフロリダ通り（本章扉の写真）は、カサ・デ・カンビオと呼ばれる闇両替が多く集まることで知られている。市中には多くの両替商が存在するが、大別すると政府が公認する両替商と非公認の両替商（闇両替）の二つに分けられる。

闇両替は当然非合法であるが、警察はその存在を黙認している。それどころかフロリダ通りでは、闇両替の客引きが公然と「ドラレス、エウロス、カサ・デ・カンビオ（米ドル、ユーロ、両替）」と叫んでいる。また表向きは個人商店でも、店の奥に入ると闇両替を行っているといったケースも多い。

闇両替では、銀行や公認の両替商が提示する公定レートよりも良いレート、つまり闇レートでの交換が可能である。また、貯蓄手段としてニーズが高い50ドル札や100ドル札といった米ドルの高額紙幣が好まれる傾向も強い。もっとも米ドル紙幣をペソに換える際には、偽札をつかまされることも少なくない。

隣国ウルグアイやパラグアイの銀行を使って資産防衛に努める人々も存在する。フェルナンデス政権末期、ウルグアイ行きの船が出るブエノスアイレスのマデロ港は、そうしたアルゼンチンの人々で溢れていた。ウルグアイの銀行で米ドルを預けたり、または引き出したりするためである。

資産防衛を図る富裕層のなかには、米国フロリダ州南端にある主要都市、マイアミまで赴く人々も少なくない。後述する2002年の通貨危機の直前には、富裕層の多くが資産防衛を図ってマイアミに逃げ込んだ。そうした経緯から、マイアミには今でもアルゼンチンの富裕層のコミュニティが存在し、本国からの資産が逃げ込む格好の場所となっている。

2　2002年の通貨危機とその余波

†ハイパーインフレを収束させたカレンシーボード制

アルゼンチンはかつて、完全なドル化の方向に為替政策の舵を切り、疑似ドル化策とも言えるカレンシーボード制を導入していた。この制度の下ではペソだけでなく物価も安定するなど、一時は抜群の効果が得られた。しかしそのカレンシーボード制は結局崩壊し、2001年に通貨危機へと陥ることになる。

1980年代、アルゼンチンを含む南米諸国は一様にハイパーインフレに見舞われていた。背景として、累積債務問題の悪化や70年代に生じた二度の石油危機が挙げられる。アルゼンチンの場合も深刻で、89年にはインフレ率が一時4000%を超える異常な事態となっていた。

アルゼンチン政府はインフレ鎮静化のための安定化政策（アウストラル計画：財政緊縮による総需要抑制と賃金・為替のコントロールを通じてインフレ抑制を図るもの）を実施したが、結局失敗に終わった。そうしたなかで発足したメネム政権（1989年7月〜99年12月）が、1991年3月にカレンシーボード制を導入したのである。

当時の兌換法で、為替レートは1ドル＝1ペソに固定され、その交換が保証された。図4－4にあるようにこの政策は劇的な効果を発揮し、1990年時点で1000%を超えていた消費者物価上昇率が、1993年には1桁台（7・4%）まで低下、さらに95年には1・6%とハイパーインフレの収束をもたらした（ラプラタの奇跡）。

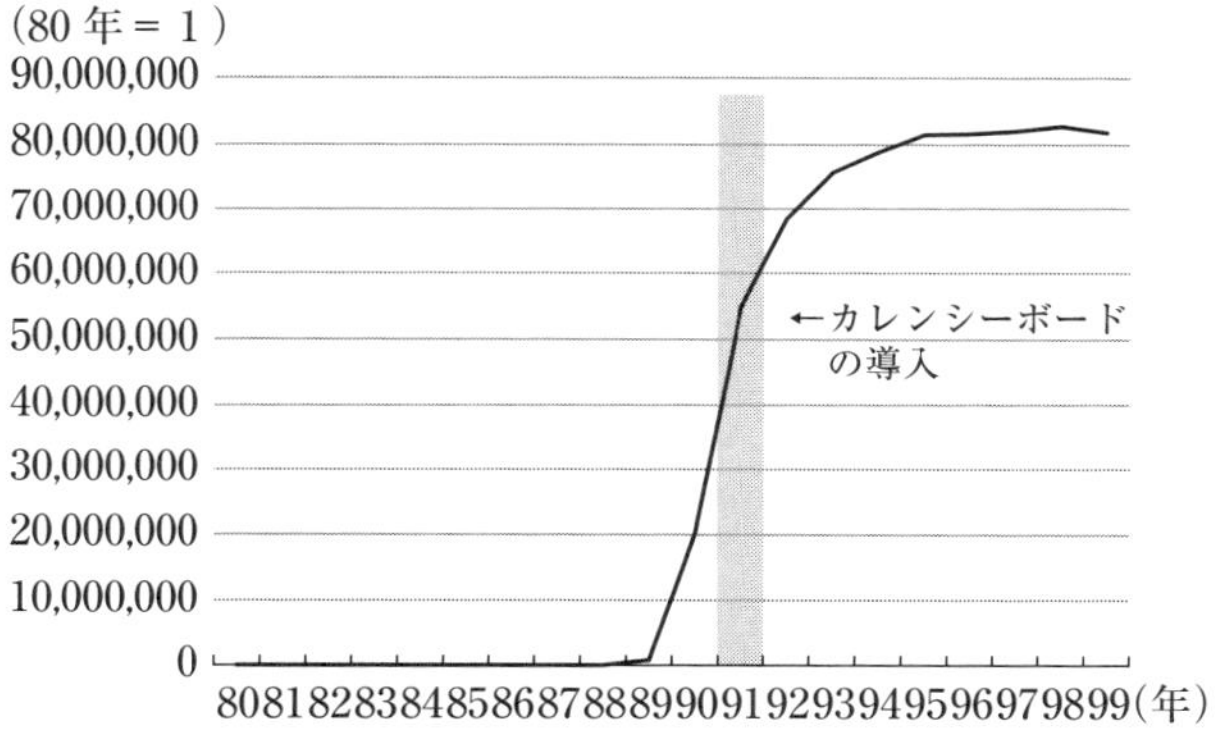

図4－4　アルゼンチンの消費者物価
(注) アルゼンチンは91年3月にカレンシーボード制を導入した
(出所) 国際通貨基金 (IMF)

ハイパーインフレに落ち着きが見られた一方で、景気も回復軌道に乗り始め、メキシコの通貨危機（94年12月）の余波を受けた95年以外、90年代の経済は一貫してプラス成長が続いた。さらにアジア通貨危機（1997～98年）やロシア通貨危機（98年8月）のさなかでもペソは安定を保ち、カレンシーボード制の有効性が示された。

メネム政権はこうした通貨の安定を基に、危機的状況が続いていた経済の体質改善を図ろうとした（カバロ計画）。経済自由化や対外開放に関しては一定の成果を見たが、要となる財政の健全化については、国有企業民営化以外にあまり進まなかった。

やがて90年代後半に入って世界景気が減速

するようになると、アルゼンチンの景気にもブレーキがかかった。景気減速を受けて財政が悪化したことを警戒し、多くの投資家が多額の資金を引き揚げた。隣国ブラジルが99年1月に通貨危機に陥ったことも、この動きを加速させた。

カレンシーボード制を導入したメネム大統領自身は、ブラジルの通貨危機を横目に、将来的に公式的なドル化政策を採用する方針を示した。もっとも国民の支持は得られず、99年12月の選挙で敗北、代わって就任したデ・ラ・ルア大統領もまた経済を立て直すに至らず、アルゼンチンから多額の資本が流出し続けることになった。

この過程でアルゼンチン経済への不安は強まり、ペソを米ドルに換える動き、つまり非公式なドル化が加速した。対抗策として政府は01年12月に、預金口座からの引き出しを週250ドル、海外送金を月1000ドルまでとする預金封鎖を行ったが、かえって社会不安を招くことになった。

デ・ラ・ルア大統領の辞任（2001年12月21日）を受けて成立したサア政権は、わずか8日間で崩壊した。この混乱のなかで、02年初頭にかけて対外債務の支払いが停止されたことをきっかけに、アルゼンチン政府はデフォルトした。同時にカレンシーボード制も放棄され、変動相場制度への移行を余儀なくされた。ペソは急落し、通貨危機が生じることなった。

ハイパーインフレも再燃し、消費者物価が40％を超す事態になるなど、経済は混乱の様相を強めた。2003年に誕生したペロン党左派のキルチネル大統領は、経済の統制を強めることで危機の克服を目指したが、そのことがかえって2018年に通貨危機を繰り返す原因となったのである。

†カレンシーボード制の破綻とハイパーインフレの再燃

アルゼンチンでカレンシーボード制が崩壊したのはなぜだろうか。端的に言えば、カレンシーボード制が機能するいくつかの前提条件をアルゼンチン経済が満たしていなかったこと、そしてそれらを満たすための努力を怠ったことが主な理由だろう。

カレンシーボード制では、政府や中銀が持つ外貨準備高に応じて通貨の供給量が決まる。つまり手持ちの外貨準備高の分しか、自国通貨を発行できない仕組みになっている。そのため、マネーの供給量を自由に増減させることはできず、金融政策の裁量が失われることになる。

したがってカレンシーボード制においては、中銀が金融緩和で財政赤字を補塡する「財政ファイナンス」が不可能になる。財政が拡張できない政府は財政緊縮に努めなければならないが、アルゼンチン政府は国債を発行し続けるなどしてそれを怠ったのである。

さらにアルゼンチンの場合は、総額の3分の1を上限に、本来外貨準備とはみなされないはずの外貨建ての自国債を外貨準備に組み入れることを容認していた。理論的には堅強とされる純粋なカレンシーボード制であるが、財政を支える金融政策の機能が残されたという点で、アルゼンチンのケースは「疑似的」なカレンシーボード制だったと言えよう。

加えて、労働市場で雇用の弾力化が進まなかったことも破綻の一因となった。アルゼンチンは91年にカレンシーボード制を導入したが、その後2年間は2桁台のインフレが続いた。そのため導入時に比べると、インフレを考慮した為替レート（実質為替レート）が割高になってしまったのである。

その結果、アルゼンチン経済は輸出競争力を失うことになった。変動相場制度であれば、景気が悪化した場合に、為替レートの下落を通じて輸出の増加を促し、景気回復を図ることができる。つまり、金融緩和によって1ドル100円であったのが1ドル120円になると、それだけ輸出競争力は改善する。しかしながら、為替レートを強力に固定するカレンシーボード制ではこうしたことができない。

カレンシーボード制を採用している国の景気が悪化した場合、輸出競争力を高める唯一の術は、労働コストを引き下げることだ。それが意味するものは、意図的に雇用と賃金を削減するということにほかならない。もちろん労働市場が弾力的なら、失業者はすぐ他の職に就くことができるため、家計が負う痛みは比較的軽く済む。

だが、長期にわたって経済危機と社会不安に苛まれていたアルゼンチンにとって、雇用の弾力化を進めることなど非常に困難であった。メネム政権は91年の雇用法で有期雇用を、95年の労働自由化法でパートタイム労働をそれぞれ容認するなど、雇用の弾力化を図ったものの、さしたる効果は得られなかった。

むしろメネム政権は、98年の労働改革法で雇用の弾力化路線を撤回してしまった。90年代後半の景気低迷を受けて、メネム大統領は再選を目指すために、それまで自らが進めてきた改革を選挙対策の観点から放棄してしまった。そのためアルゼンチンは割高な為替レートを是正できなかったのである。

加えて、99年1月に通貨危機に陥ったブラジルから安価なモノが流入したことにより、貿易赤字が膨らみ、経済の悪化に拍車をかけた。結局、財政ファイナンスを止めることができず、また労働市場改革を怠ったことで、アルゼンチンのカレンシーボード制は崩壊してしまったのだった。

アルゼンチンの経験は、ハイパーインフレ対策としてのカレンシーボード制の有効性を立証した一方で、その継続の難しさを体現するものでもあった。同時に、長年政治不安が続いた社会において構造改革を行うことの困難を、我々にまざまざと見せつけた事例だと言えよう。

†破綻後のアルゼンチン

2002年に経済が破綻したアルゼンチンでは、実質GDPが10%以上減少しただけでなく、また失業率が20%近くまで跳ね上がるなど、強烈な景気後退に見舞われた。翌03年5月に誕生したペロン党左派出身のキルチネル大統領(~07年12月)は、自由化路線での経済成長を模索したメネム政権とは対象的に、分配色が濃い経済運営に終始した。

まずキルチネル政権は、公共料金を抑えるために政府が補助金を支出することを立法化し、国民の支持を確たるものにした。この過程で、従来は中道右派を志向していたペロン党は左派色を一段と強め、また当時の与野党の枠組みを超える形で権力基盤を整えたことで、挙国一致的な体制を築いていくことになる。

デフォルトの引き金になった多額の対外債務に関して、キルチネル政権はまず03年9月にドバイで開催された国際通貨基金（ＩＭＦ）の総会で、額面の75％カットを中心とする債務削減案を発表した。続いて05年1月には大幅な債務削減を提示した上で、再建案に応じない債権者とは話をしないという強気のスタンスで返済交渉に臨んだ。

当然、再建案に応じない債権者も多かった。債権者との係争は難航したため、アルゼンチン政府は海外で起債することができず、国際金融市場から長きにわたって切り離されていた。アルゼンチンが国際金融市場に復帰したのは改革志向のマクリ政権成立後の２０１６年４月のことである。

なおこの間、アルゼンチン政府はメガバンクなど日本の債権者との間でも債務の支払いを巡って対立を深めている。マクリ政権下で徐々に解決した案件もあるが、２０１９年時点でも日本の債権者との間で円建て外債（サムライ債）の支払いを巡る調整が行われているのが実情である。

キルチネル政権の取組みに話を戻すと、インフレ対策としては、公共料金の抑制が財政からの補填という形で図られたほか、ポピュリスト的な手法による価格統制が試みられた。具体的には、石油価格上昇に伴い値上げを発表した石油会社の燃料製品に対する不買運動、生産者と販売者間での価格維持協定の締結などを通じたインフレ抑制である。

当然、こうした価格統制は様々な軋轢を生んだ。石油会社は回収の見込みが立たないことから新規の投資を手控え、石油製品の供給はかえって滞った。価格維持協定の締結に関しては、生産者団体の強い反発を生み、政府との対立が先鋭化する事態になった。

民営化された旧国営企業の再国有化も進められた。郵便事業や鉄道事業に加えて、上下水道事業といったメネム政権によって民営化された事業が次々と国有化された。雇用政策についても、最低賃金の積極的な引き上げや労働組合の権限の拡大をはじめ、雇用の弾力化とは真逆の政策が採られた。

結局、カレンシーボード制による為替レートの安定に支えられて進むかに見えたアルゼンチン経済の体質改善は、同制度の崩壊によって無に帰することになった。キルチネル大統領の死を受けて2007年12月に大統領に就任した妻のフェルナンデスも、分配重視の経済運営（キルチネリズム）に終始した。

2000年代中頃までのアルゼンチン経済は、世界的な穀物市況の高騰を受けて輸出が好調に推移したため、比較的高い成長率を実現していた。カレンシーボード制の放棄によって下落したペソが輸出の追い風になりはしたものの、08年秋の世界金融危機の発生とその後の商品相場の急落で状況は一変した。

世界金融危機以降は、キルチネリズムにより膨らんだ財政赤字が嫌気される形でペソの下落が続いた。フェルナンデス政権は為替レートのコントロールを試みたが、かえってペソの二重相場が誕生することになった。結果的に、人々はその闇市場でペソを米ドルに両替して資産防衛を図った。これではドル化が改善するわけがないのである。

3　ドル化とアルゼンチン経済

†慢性的な投資不足

ドル化が進んだアルゼンチン経済の貯蓄不足は深刻だ。世界銀行の統計から、1990年代以降の中南米主要3か国（アルゼンチン、ブラジル、メキシコ）の貯蓄率の推移を確認してみよう（図4-5）。いずれの国も通貨危機を経験しており、程度の差はあるが非公式なドル化が進んだ経済と言える。

3か国とも貯蓄率の動きに振幅が見られるが、基本的に通貨危機の直後には貯蓄率が一

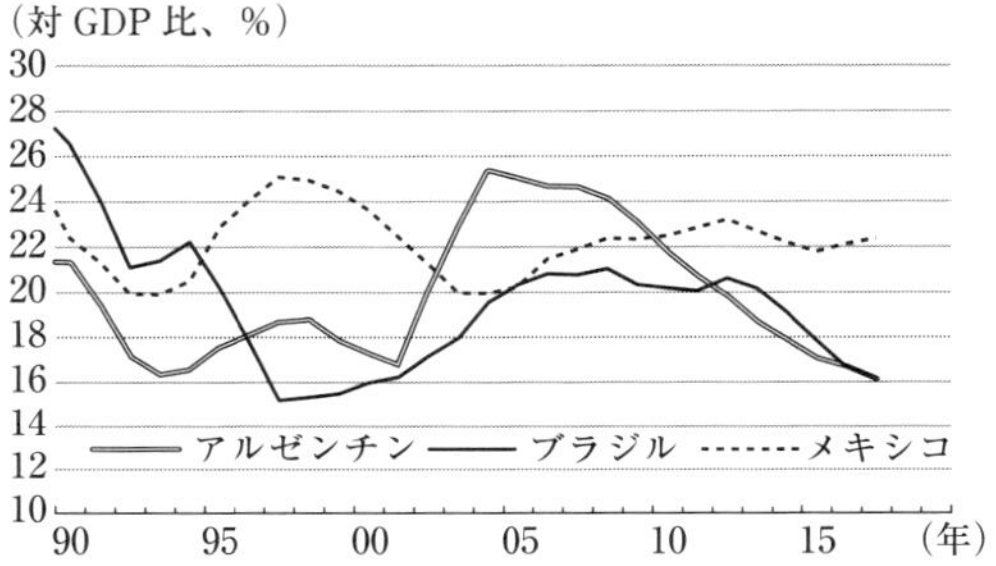

図4－5　貯蓄率の推移
（注）3か年後方移動平均
（出所）世界銀行

時的に上昇するという共通した傾向がある。これは通貨防衛のために高金利政策が採られた結果、投資が手控えられることと、金利の獲得を狙って自国通貨建ての預金が瞬間的に増加することを反映した動きである。

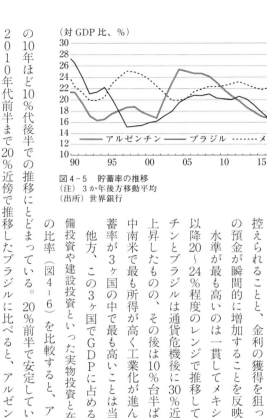

水準が最も高いのは一貫してメキシコであり、90年以降20〜24%程度のレンジで推移している。アルゼンチンとブラジルは通貨危機後に30%近くまで貯蓄率が上昇したものの、その後は10%台半ばまで落ち込んだ。中南米で最も所得が高く工業化が進んだメキシコの貯蓄率が3ヶ国の中で最も高いことは当然と言える。

他方、この3ヶ国でGDPに占める総資本形成（設備投資や建設投資といった実物投資と在庫投資の合計）の比率（図4－6）を比較すると、アルゼンチンはこの10年ほど10%代後半での推移にとどまっている。20%前半で安定しているメキシコや、2010年代前半まで20%近傍で推移したブラジルに比べると、アルゼンチンの一貫した低さが際立つ。

かつて中南米諸国は、輸入代替工業化と呼ばれる経済発展戦略を採用していた。これは輸入品を国産化することで工業化を進めようとする戦略であったが、結果的に失敗した。その反省から1980年代に入ると経済の対外開放を進め、外資を導入することで不足した貯蓄を補う路線へと転換した。

この外資主導工業化と呼ばれる経済発展戦略で成功したのがブラジルだ。外資導入で栄えた代表的な産業としては自動車が挙げられる。米フォード、GM、独フォルクスワーゲン、伊フィアットなどがその主な担い手だ。また航空機産業も活発であり、仏ダッソーの資本参加を受けたブラジルのエンブラエル社は、世界3位の航空機メーカーに躍進した。

ただ通貨危機とドル化、投資不足という負のスパ

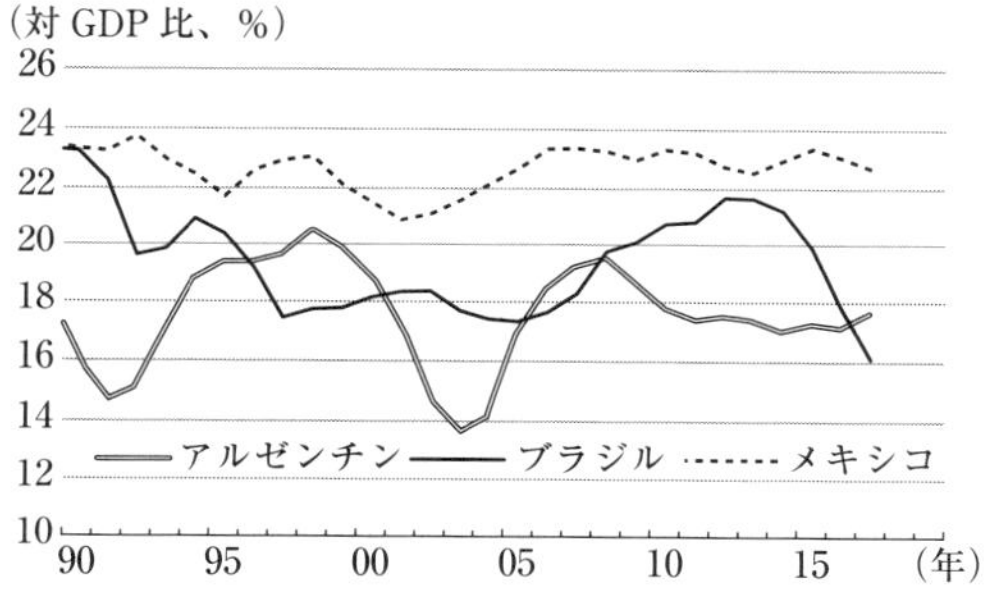

図4－6　総資本形成の比率
(注) 3か年後方移動平均
(出所) 世界銀行

イラルに完全に埋没してしまったアルゼンチンの場合、対外開放と市場閉鎖を繰り返すなかで外資の流入が途絶えてしまい、外資主導の工業化が実現しなかった。直近では、90年代を率いたメネム政権の対外開放路線がその後のペロン党左派政権によって市場閉鎖路線へと転換されてしまった例が端的だ。

その結果、投資不足の慢性化によって工業化が遅れ、第二次世界大戦前は先進国であったアルゼンチンは、中進国に衰退してしまった。第3章で述べたトルコのドル化が経済発展を阻むものであるとするなら、本章で述べたアルゼンチンのドル化は先進国を中進国に転落させるもの、つまり国力衰退をもたらすものであったと整理できる。

成長志向のマクリ大統領は2015年の就任以降、経済の自由化を進める一環として外資系企業を誘致するための環境整備に努めてきた。経済が安定していれば進出が見込めるものの、通貨危機などで不安定な様相を強めるなかでは、外資系企業の進出は製造業全体には広がらず、鉱業など一部の産業にとどまるだろう。

アルゼンチンは世界有数の農業国であり、鉱物資源にも恵まれている。故に一次産品が輸出の中核であり、それを伸ばしていこうという動きも当然ある。しかしその輸出は国際商品市況での価格変動に大きく左右されると同時に、需要、特に最大の需要家である中国景気の動向に極めてセンシティブにならざるを得ない。

豊富な一次産品が製造業の衰退や高い失業率を招くという「オランダ病」からの脱却も遅れることになる。慢性的な投資不足を解消するためには、為替レートの安定によるドル化の緩和と対外開放による外資導入の両輪が回る必要がある。もっとも経済・政治危機や社会不安が長引くなかで、その展望を描くことができないのがアルゼンチンの現状なのだ。

†外貨を用いても低調な金融取引

非公式なドル化が進んだアルゼンチンでは、トルコと同様に銀行による金融取引の一部が外貨建てで行われる。図4-7は、両国の2018年時点における銀行の預金と貸出の規模をGDPとの対比で比較したものだ。アルゼンチンは預金も貸出もトルコに劣っており、金融の発展は遅れていることが分かる。

なおスペインの大手金融機関であるBBVAの調査によると、アルゼンチンはGDPとの対比で見た預金と貸出の規模が中南米の中で最も小さい国である。隣国のブラジルやパラグアイ、ウルグアイと比較すると、そのいずれもがアルゼンチンの倍近い規模の預金と貸出を銀行が抱えている。

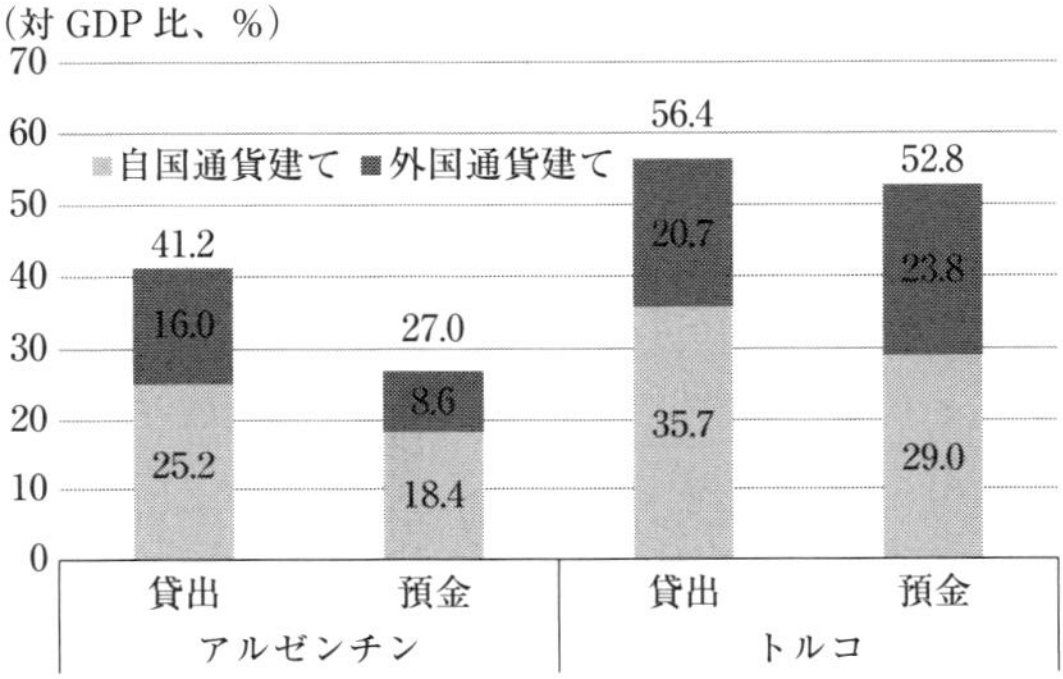

図4－7　銀行の預金と貸出の比較（2018年）
（出所）アルゼンチン中央銀行及びトルコ中央銀行

アルゼンチンとトルコに話を戻すと、両国とも預金よりも貸出の規模の方が大きい（預貸率が100を超えている）という共通点がある。このことから、融資先の資金需要に応えるため、銀行が預金以外の資金調達手段（例えば債券の発行）などを通じて身の丈以上の貸出（オーバーローン）を行っている可能性がある。

ただアルゼンチンの場合、トルコに比べると外貨建ての貸出に対する外貨建て預金の割合が低い。具体的には、トルコの外貨建て貸出はGDP比で20・7％であるのに対して、外貨建て預金は同23・8％である。一方でアルゼンチンの場合、それぞれ16・0％と8・6％にとどまっており、また外貨建て貸出の方が外貨建て預金よりも規模が大きい。

トルコでは外貨建て貸出よりも外貨建て預金の方が多く、預金が貸出を100％カバーできているという点で、リスクは管理されている。しかしアルゼンチンでは外貨建て貸出の方が外貨建て預金よりも多く、その不足分を他の負債（ペソ建て預金や金融債など）で賄う必要があるため、その分だけ高リスクになるのだ。

外貨建て預金の少なさは、アルゼンチンの人々の銀行に対する信用度の低さの表れと言えよう。2002年の通貨危機の際に政府が預金封鎖を実施したことから、アルゼンチンではトルコよりも人々の銀行への信頼度が低く、米ドルなどの外貨をタンス預金の形で保有する傾向が強いと考えられる。

銀行による金融取引が発展しないアルゼンチンのような国では、零細企業だけではなく、中小企業や中堅企業において自己資金への依存度が高い。また企業間信用（企業間の商品・サービス取引に伴う代金の支払いを即時に行わず、買掛金や売掛金といった形をとることで、一定の期間、猶予をおいて行うこと）で資金繰りを補うことも多い。

また企業は規制の対象外で資金を調達することもあるようだ。いわゆる闇金融では、銀行の提示する金利よりも高い金利で金融取引が行われている。しかしながら銀行による検査や監督を受けることを嫌う企業は、銀行よりも闇金融で融資を受けることを好むようだ。

さらに企業の多くが脱税行為を行っている。当然、信頼できる財務諸表もないため、銀行は企業に融資をしたがらない。また先に述べたように、市中には闇両替も多数存在し、過去の預金封鎖がトラウマとなって銀行の預金も増えない。需要と供給の両面で、銀行による金融取引は拡大しないのである。

一連のことは、過去の通貨危機とその下で進んだ非公式なドル化が密接に関わっている。一方でトルコもまた度重なる通貨危機を経験しているが、非公式なドル化が進んでも銀行による金融取引はアルゼンチン以上の規模で行われている。外貨建ての貸出を上回る外貨預金があるため、非公式なドル化が金融取引の拡大をサポートしているとも言える。対してアルゼンチンの場合、非公式なドル化が進んでいても銀行による金融取引の拡大は限定的である。それだけアルゼンチンでは、度重なる通貨危機で進行したドル化の悪影響が深刻であり、正常な経済活動を営む上での制約になっているということだろう。

†日本は次のアルゼンチンか

最近よく見かけるようになった先人の言葉として、経済学の巨人サイモン・クズネッツ（1901〜85年）の「世界には4種類の国がある。先進国と後進国、日本、そしてアルゼンチンだ」というものがある。真偽は定かではないが、クズネッツは戦後の日本とアルゼンチンの経験を対称的にとらえていたようだ。

戦後の日本は奇跡的な復興を遂げて、1964年には経済協力開発機構（OECD）に加盟するなど後進国から先進国への道をいっきに駆け抜けた。一方でアルゼンチンは戦後に衰退の一途をたどり、先進国から後進国に没落してしまった。それだけ当時の経済学者にとってアルゼンチンの没落は印象深かったのだろう。

ただクズネッツに好意的な意味でアルゼンチンと対比された日本も、1990年代初頭のバブル崩壊以降は経済の停滞が続いている。いわゆる「失われた30年」であるが、この停滞の先にあるのが繁栄か没落かと問われれば、多くの人々が没落と答えるであろう閉塞感が日本を包んでいる。

それにアルゼンチンは日本に無い圧倒的な強みを持っている。具体的には、食料自給率の高さだ。アルゼンチンはパンパと呼ばれる肥沃な草原地帯を持ち、世界有数の農業・牧畜大国としても知られている。特に大豆やトウモロコシ、小麦といった穀物に加えて、食肉やその加工品、乳製品、ワインなどの生産が豊富でもある。

国際連合食糧農業機関（FAO）によると、アルゼンチンの食料自給率はカロリーベースで273％（2010年）と世界第一位を誇る。国内で有り余るほどの食料を生産しているわけだ。そのため輸出も積極的に行っており、品質の良さから評価も高い。

そしてアルゼンチンは天然資源にも恵まれている。隣国チリや、ボリビアと国境を接する山岳地帯には、銅や金、銀、リチウムなどの金属も多く眠っている。また西部ネウケン州のバカムエルタ鉱区は、世界最大級のシェール層が存在することでも知られる。この鉱区は、石油だけで150年分、天然ガスで85年分もの国内供給が保証されるほど豊富な埋蔵量を誇るという。開発資金が不足しているため、まだ国内消費の一部を賄うまでしか生産力化は進んでいないが、開発が進めば輸出も可能になると期待されている。

このようにアルゼンチンは、貿易に頼らずとも食料や資源を賄うことができる。自給自足が可能な経済をドイツ語で「アウタルキー」と呼ぶが、アルゼンチンはアウタルキーの条件をかなり満たしている。そのおかげでペソの信認が弱くドル化が進んでも、アルゼンチン経済は何とか回っている。

片《かた》や日本の場合はどうだろうか。農林水産省が試算する日本の食料自給率（平成30年度）はカロリーベースでわずか37％であり、主要な先進国の中でも最低水準である。それに加え、金属や燃料も自給できず、ほぼ輸入で賄われている。日本の経済はアルゼンチンのようなアウタルキーからはかけ離れていると言っていい。

次世代の化石燃料としてメタンハイドレートに期待する声もある。日本近海の底は世界有数のメタンハイドレート埋蔵域に当たるとみられており、実用化できる環境になれば、エネルギー資源に乏しい日本経済にとって大きな転機になるだろう。ただし技術面、経済面から実用化の目処は全く立っていない。

このように比較すると、アルゼンチン経済は通貨危機に対する一種の耐性を持っていることが分かる。そうした耐性がない日本でドル化が進んだ場合、アルゼンチンよりも悲惨な事態に直面するかもしれない。日本は次のアルゼンチンにすらなれず、より深刻な没落を経験するのではないだろうか。

コラム
通貨の交換性

通貨には交換性という機能がある。その通貨が別の通貨と自由に交換できた場合に「交換性がある」と評価されるのだ。第二次大戦後しばらくは、欧州の先進国でさえ保有する米ドルを厳格に管理し、自国通貨との交換を制限していた。

戦後の日本でも円と外貨の交換は厳しく管理されていたが、1964年に国際通貨基金（IMF）協定の第8条が適用されたことで、貿易をはじめとした経常取引にあたっては交換性が回復した。また同年に経済協力開発機構（OECD）に加盟したことで、投資などの資本取引に関しても規制が順次撤廃され、交換性が保障されている。

海外へ行く前に、駅や空港の外貨両替所、銀行窓口などで渡航先の通貨を購入しようとすると、先進国の通貨であればたいていは売られている。それらの通貨の交換性が高いためである。海外でも日本円はまず交換を拒否されることがない、交換性の高い通貨と言えるだろう。

一方で、新興国の通貨は一般的に交換性が低い。正確に言えば、その通貨を発行する国でしか、外貨と交換できないケースが多い。日本に持ち帰っても再両替できないので、レートが悪くても現地で再交換を済ますか、ないしは使い切ってしまうのが良い。

国境を接している国同士でさえ、通貨の交換性がないケースもある。例えば中国の特別行政区であるマカオの通貨パタカは、同じく特別行政区である香港の通貨、香港ドルとの間で固定為替相場制度を導入している。為替レートは1パタカ＝0・97香港ドルで固定され、マカオでならどの通貨とも自由に交換できる。

しかし、香港ではパタカを両替することはできない。というよりも、香港だけではなく日本を含めたその他の国でも、パタカはまず両替できない通貨である。人口62万人程度の地域でしか使われない限定的な通貨であるため、他国だと交換性を持つことができないのである。

２０１８年8月に通貨危機に陥ったトルコとアルゼンチンの場合はどうだろうか。トルコの通貨リラは日本でもＦＸ（外国為替証拠金取引）を中心に人気がある通貨である。通貨危機が生じたことで取り扱いを止める業者も出たようだが、通貨危機前までは日本の空港の銀行窓口などでも両替が可能であるなど、交換性は高かった。

それに比べると、アルゼンチンの通貨ペソは通貨危機前から交換性に乏しい通貨であった。アルゼンチン国内では外貨に交換できても、アルゼンチン国外でペソを交換することは難しかったためだ。もっともフェルナンデス政権時代は、外貨が不足していたため国内でさえペソを外貨に交換することが制限された。

通貨が暴落しても交換性があるならまだ救いはある。資産防衛のために外貨を購入することができるからだ。もっとも交換性がなくなれば、金や不動産といった実物資産を購入するしか資産防衛を図る手段はなくなる。交換性があるということは、通貨にとって非常に重要な要素である。

主要通貨である日本円は交換性が非常に高い通貨だ。日本円と直接交換できない外貨でも、米ドルを介することで交換が可能になる。そのため日本人は、日本円が外国通貨と交換できないという状況を思い浮かべることができない。それだけ自国通貨に対する信認が高いとも言えよう。

しかし通貨危機を繰り返すような国の通貨は、通貨の信認が低いため、その国でしか外貨に両替することはできない。考えたくないことだが、日本も通貨危機を繰り返すようになれば、どの国に行っても日本円を両替できなくなる事態に陥るだろう。そうなったときは日本で非公式なドル化がかなり進んでいると考えられる。

第 5 章

通貨危機とドル化
――断ち切れない負の連鎖

主要通貨が並ぶ為替ボード

第3章ではトルコの、第4章ではアルゼンチンの「非公式なドル化」に関して、その事例を解説してきた。この2か国以外にも「非公式なドル化」が生じている国は数多いが、共通しているのは、そうした国の多くが過去に通貨危機に苛まれているということである。つまり本書が問題にする「非公式なドル化」は、通貨危機の結果生じた経済現象でもあるわけだ。それではなぜ、通貨危機は生じるのだろうか。

また、90年代初頭に通貨危機を経験したスウェーデンと英国では、ドル化が進まなかった。そもそも通貨危機とは何であるのか。「非公式なドル化」につながる通貨危機とつながらない通貨危機の違いは、いったいどこにあるのだろうか。こうした観点から、本章では通貨危機とドル化の関係について様々な角度から考えることにしたい。

1　なぜ通貨危機が起きるのか

†中南米通貨危機と第一世代モデル

戦後の世界経済の歩みは、度重なる通貨危機の歴史でもある。そうした流れのなかで、その時々の経済環境に応じて通貨危機が発生するメカニズムが理論化されていった。ここでは伝統的な三つの通貨危機モデル（第一世代モデル、第二世代モデル、第三世代モデル）を紹介し、通貨危機が生じるメカニズムについて簡単に整理してみたい。

まずは第一世代モデルという最も古典的な考え方について説明しよう。このモデルは、1960〜70年代の中南米諸国（チリやペルーなど）で発生した通貨危機を説明するために生まれたものであるが、その後に生じているケースを考察する上でも基本的なアイデアとなる。

この第一世代モデルでポイントになるのが、第3章のトルコや第4章のアルゼンチンの経験でも述べた「財政ファイナンス」だ。財政ファイナンスが行われると何が問題なのか今一度整理したい。財政ファイナンスとは、政府の財政赤字を中央銀行の金融緩和で補填することを意味している。

より具体的に述べると、政府が財政赤字を賄うために発行する国債を、中央銀行が直接購入することが財政ファイナンスだ。他方で中銀が金利をコントロールするために、流通市場で金融機関を相手に国債を売買することはオペレーションと呼ばれるが、これは通常の金融政策の一環であり、財政ファイナンスとは異なる。

さて、この財政ファイナンスが生じるとどうなるのか。何より問題なのが、財政の規律が緩み切ってしまうことだ。どれだけ財政赤字を垂れ流しても、中央銀行が「打ち出の小槌」のように資金を生み出してそれを手当てしてくれるためである。政府の財政を支えるために金融緩和を強化し続ければ、マネーの供給に歯止めがかからなくなってしまう。

その結果、需要の増加を反映しない悪性のインフレが加速してしまう。財政や物価といいう経済のファンダメンタルズ（基礎的条件）が悪化するなかで、政府の信認が低下し、ひいては通貨の信認も低下させることになる。それでも政府は、身の丈に合わない財政拡張のコストを中銀に負わせようとするだろう。

変動相場制度を採用していれば、通貨レートはファンダメンタルズの悪化を反映して下落する。ただ固定相場制度を採用している場合、ファンダメンタルズが悪化しても為替レートが下落しないため、その国の通貨の価値は経済の実勢に比べて割高な状態になってしまう。財政ファイナンスが続けば続くだけ、その乖離は大きくなる。

外為市場では、割高な自国通貨に対して投資家が売りを浴びせる。その売り圧力に対抗するため、中銀は外貨準備を用いて為替介入を行う。しかし外貨準備が枯渇してしまうと、中銀は為替介入で為替レートを支えることができなくなってしまう。そのとき、固定為替相場制度は臨界点に達して崩壊し、為替レートは暴落を余儀なくされるのだ。

チリやペルーの通貨危機はまさにこうした経路で生じている。チリの場合はアジェンデ政権（1970～73年）下で、ペルーの場合はアルバラード政権（1968～75年）下で、それぞれ左派色の濃い経済運営が志向され、財政ファイナンスが横行していた。このことが為替市場で問題視され、通貨危機が生じたのである（図5－1）。

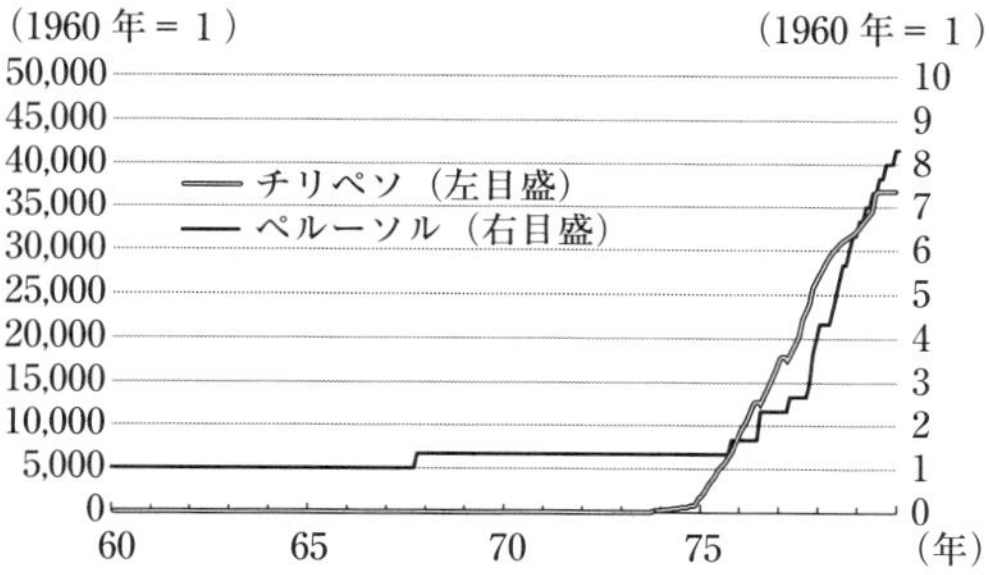

図5－1　チリとペルーの通貨危機〈対ドルレート〉
（注）月次レート
（出所）チリ中央銀行、ペルー中央銀行

当時の中南米では、アルゼンチンの経済学者ラウル・プレビッシュ（1901～86年）ら構造学派が提唱する「従属論」と呼ばれる考え方が支持を得ていた。米国の経済格差（南北問題）を解消するためには、政府の積極的な政策介入を通じた工業化が必要不可欠であるというのが、そのエッセンスである。

従属論が支持を得た中南米諸国では左派色が強い経済運営が好まれることになったが、その結果、財政フファイナンスが横行し、経済ファンダメンタルズが悪化する国々が続出した。やがてチリやペルーが通貨危機に陥り、政府主導の工業化政策にも失敗したことから、従属論は次第に支持を失っていった。

†ERM危機を説明した第二世代モデル

次に第二世代モデルについて整理してみよう。このモデルは1990年代初頭に通貨危機に陥った欧州諸国、具体的にはイタリアやスウェーデン、英国などの経験が下敷きにされている。これまで本書がケーススタディに扱った新興国ではなく、先進国で生じた通貨危機に触発されて出来上がった考え方である。

通貨危機を引き起こす要因として重要なものは、経済のファンダメンタルズの悪化だけでなく、投資家の行動も決定的であることを第二世代モデルは説明している。より正確に言うと、財政ファイナンスによって経済のファンダメンタルズが悪化した国でなくても、通貨危機が生じることをこのモデルでは説明することができる。

例えば固定為替相場制度を導入している国を想定しよう。その国は、政府の財政は健全であるものの、企業や家計の債務が膨らんでおり、失業率が上昇するなど雇用情勢も厳しい状態にある。そうした意味で財政は健全でも経済のファンダメンタルズは悪化していることになるため、経済の実勢に比べると為替レートの水準は割高となっている。

為替レートが割高と判断した投資家は、外為市場でその国の通貨に売りを浴びせる。一方でその国の政府と中銀は、為替レートを維持するために外貨準備を用いて為替介入を行うとともに、金利を引き上げて投資家に対抗する。投資家による投機に負ければ、その国で通貨危機が生じることになる。

しかし、その国の経済が通貨防衛のための金融引き締めに耐えるだけの強さを持っていれば、投資家は投機を諦めざるを得ないため、通貨危機は回避されることになる。このように第二世代モデルは、投資家の予想に基づく行動が、通貨危機を引き起こす重要な要因になることを説明している。

先に述べた通り、このモデルのスケッチになったケースは1990年代初頭の欧州諸国だ。当時欧州では、将来的な欧州統合に向けた機運が非常に高まっており、その一環として通貨に関しても統合を進めようという動きが加速していた。その過程で欧州各国は、自国通貨と欧州通貨単位（ECU）との間で固定相場制度を導入することになった。

この仕組みは欧州為替相場メカニズム（ERM）と呼ばれるが、この制度を司っていたのは、当時通貨が欧州で最も安定していた旧西ドイツであった。その西ドイツは、1990年10月に旧東ドイツと再統一を果たしたが、その際に通貨を等価（1西ドイツマルク＝1東ドイツマルク）で交換することを認め、また東ドイツに多額の資金援助を行った。財政が拡大した結果ドイツの金利は上昇したが、ERMに参加している欧州諸国もまた、自国通貨とECUとの間の為替レートを維持するために金利を引き上げざるを得なかった。もっとも当時はドイツ以外の欧州景気は不調だったことから、ERM参加国の為替レートは経済の実勢に比べると割高になった。

投資家はERMに参加していた欧州各国の通貨に売りを浴びせたが、ほとんどの国は自国通貨とECUとの為替レートの変動幅を拡大することで通貨危機を回避することができた。例えばフランスは、通貨フランとECUとの為替レートの変動幅を、それまでの基準値±2・25％から15％に変更することでERMからの離脱を回避できた。

フランスの場合、ファンダメンタルズは投資家の予想よりも悪化していなかった。そのため、フランとECUの間で固定相場制度を維持することができ、ERMに残留できたのである。一方で、投資家の予想通りファンダメンタルズが悪化していたイタリアとスウェーデン、そして英国は、投機的な攻撃に耐えることができなかった（図5－2）。

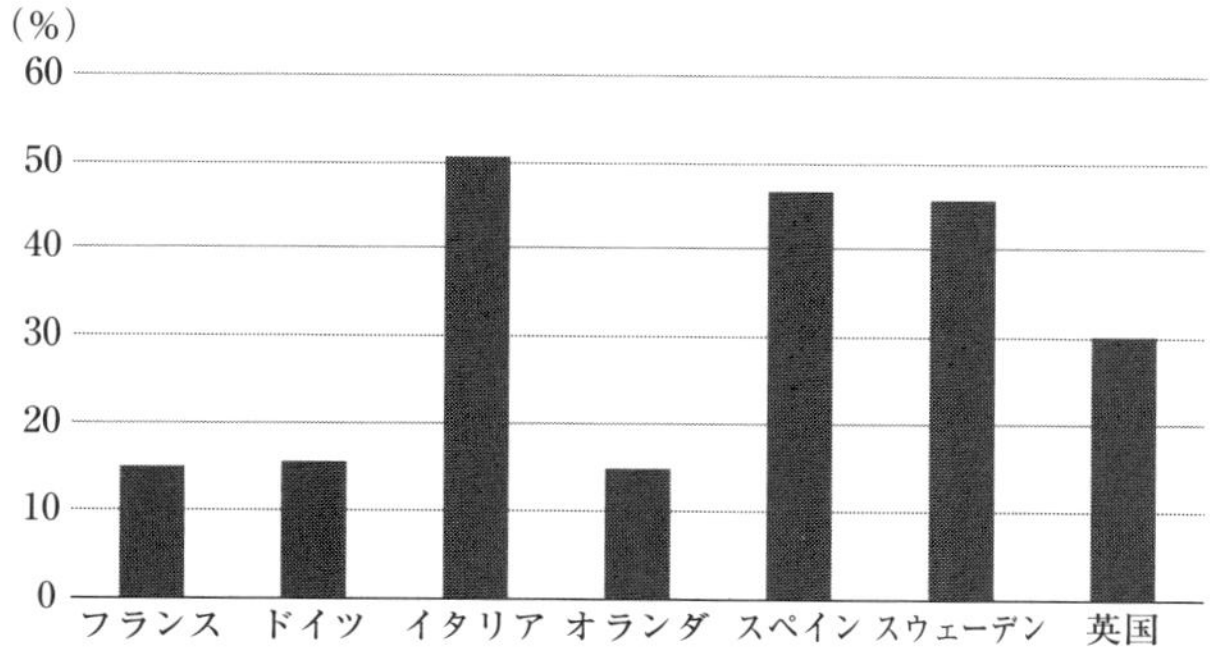

図5－2　対ドルレートの下落率（1990年／92年の比較）
（注）92年9月13日にイタリアが3.5%切り下げ、その他通貨が3.5%切り上げ、同月17日に英国とイタリアがERMから離脱、スペインが5%切り下げ、93年8月にドイツとオランダを除き変動幅を15%に拡大
（出所）国際通貨基金（IMF）

その結果、この3国はECUとの間で固定相場制度を維持することが不可能となり、ERMからの脱退を余儀なくされた。ECUは1999年1月にユーロに生まれ変わるが、このときの苦い経験があるため、スウェーデンと英国はユーロへの参加を見送り続けている。

アジア通貨危機を踏まえた第三世代モデル

第三世代モデルは、1990年代後半に連鎖的に生じた新興国の通貨危機、特にアジア通貨危機（1997〜98年）の経験が下敷きとなった通貨危機のモデルだ。投資家の行動が通貨危機を左右するという第二世代モデルの考え方を引き継ぎながら、通貨危機と金融危機が複合的に生じるメカニズムに着目したものである。

アジア通貨危機は1997年7月、タイの通貨バーツの急落で幕を開けた。翌8月にはマレーシアの通貨リンギットとインドネシアの通貨ルピアが、11月には韓国の通貨ウォンがそれぞれ暴落し、98年にかけて為替レートは不安定な状況が続いた（図5－3）。また同年8月にはロシアに、99年1月にはブラジルに通貨危機の波が次々と押し寄せることとなった。

こうした新興国には、銀行の資金調達が主に米ドルなど主要通貨で行われているという共通点があった。第三世代モデルは基本的にこの動きを前提にしている。ここで米国が利上げすると、固定為替相場制を採用している新興国も為替レートを維持するため追随して利上げを行うことになる。

銀行は金利の上昇で返済負担が重くなり、同時に資金繰りも悪化して経営不安に陥る。さらに銀行の経営不安を受けて投資家は新興国から資金を引き揚げるため、為替レートに下落圧力がかかってしまう。政府や中銀はこの動きに利上げや為替介入で対抗するが、固定為替相場制が維持できないと考えた投機筋は通貨に売りを浴びせる。

やがて外貨準備が枯渇すると、固定相場制度を放棄して変動相場制度への移行を余儀なくされるため、通貨危機が発生する。通貨の暴落を受けて銀行の資金繰りが一段と悪化した結果、金融危機も生じるため、経済に深刻な悪影響が及ぶことにもなる。これが第三世代モデルの描き出す通貨危機の姿である。

このモデルによって、経済のファンダメンタルズが良好な新興国でも、対外的な理由で資本逃避が加速した場合、通貨危機と金融危機が複合的に生じることが理論的に説明できるようになった。実際にアジア通貨危機やその後のロシア、ブラジルの通貨危機は、94年2月に米国が利上げを実施したことが起点になったと言われている。

また当時の新興国は銀行のALM（資産負債管理、アセットライアビリティマネジメント）能力が低く、そのことも通貨危機の発生を促した。この経験を基に、通貨危機が生じた国を中心として新興国でも為替レートの自由化（変動相場制度への移行）が進んだ。同時

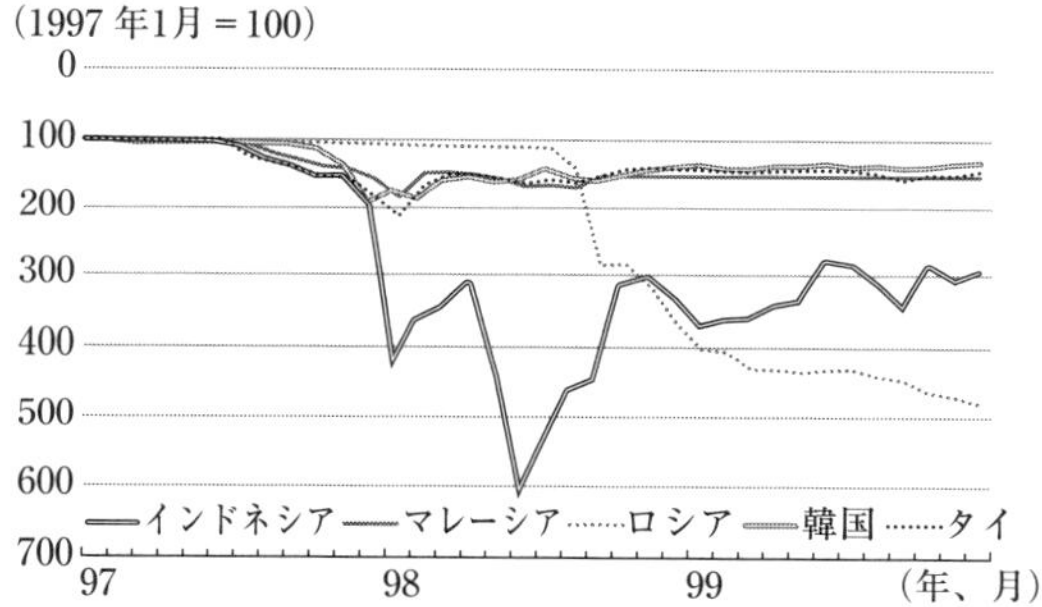

図5－3　通貨危機に陥った各国通貨の対ドルレート
（出所）国際通貨基金（IMF）

に銀行のＡＬＭ能力の向上が目指され、為替レートの変動に対する経済の耐性が向上したのである。

　こうした取り組みが世界的に進んだ結果、固定相場制度の崩壊が要因で通貨危機に陥る新興国は少なくなっていった。２０１８年8月に生じたトルコとアルゼンチンの通貨危機は、世界経済にとってアジア通貨危機以来の大型の通貨危機であったと言えよう。起点は15年12月に始まった米国の利上げにあるため、これも第三世代モデルで説明できる。

ただ両国の場合も既に変動相場制度への移行を済ませていたという点で、従来とは異なる性格に位置づけられる。また変動相場制度に移行していたとしても、通貨危機そのものは生じることを、トルコとアルゼンチンのケースは我々に見せつけたと言えるだろう。

　また、かつては通貨危機がきっかけとなって政権が交代し、新政権によって経済の構造改革が進むといった傾向が強かった。アジア通貨危機ではタイ、インドネシア、韓国などで政権が交代し、新政権によって構造改革が進んだことで一定の体質改善が図られていた。２００1年のトルコ通貨危機の際も同様である。

　しかしながら２０１８年8月に発生した通貨危機の場合、トルコではまだ政権交代の兆しがみられず、アルゼンチンに至っては改革志向が強いマクリ政権の下で通貨危機が生じている。通貨危機を経験しても構造改革が進む展望が描けないという点で、トルコとアルゼンチンのケースは新しい形だと言えるかもしれない。

2 ドル化を回避した通貨危機の事例

†輸出競争力の改善につながったスウェーデン

ところで、通貨危機に陥っても非公式なドル化を免れたケースが存在する。その代表的な事例が、ERM危機の際に通貨が暴落したスウェーデンと英国だ。ではなぜ、両国では非公式なドル化が進まなかったのだろうか。それぞれが通貨危機に至った経緯とその後の展開を整理してみたい。

スウェーデンは1992年11月19日、当時欧州通貨単位（ECU）との間で採用していた固定相場制度を放棄し、変動相場制度へと移行した。その際に通貨クローナの対ドル相場は翌日にかけて9％下落し、年末までに20％減価した（図5-4）。

通貨危機に至るまでの経緯を確認すると、1980年代後半のスウェーデンでは、金融の自由化を背景に株価や不動産価格が急騰しており、いわゆるバブル経済の状態にあった。だが1990年に入ると、世界景気の後退を受けてバブル経済は崩壊、多額の不良債権が生じ金融危機の様相を呈するようになった。

スウェーデンの景気は悪化していたが、ECUとの間で固定相場制度を維持していたため、スウェーデン中央銀行（リクスバンク）は利下げをすることができなかった。一方でECUの金利は当時のドイツ経済の財政拡張を反映して高水準で推移しており、スウェーデンの金利は経済の実勢を反映していなかったと言える。

スウェーデン政府は公的資金を注入して金融危機の克服に努めたが、同時にECUとの間での固定相場制度を維持しようと腐心していた。そしてクローナを割高と判断した投資家による投機的な攻撃に対抗するため、リクスバンクは92年10月16日、当時の政策金利を一時500%まで引き上げたのである。

しかしその後もクローナへの攻撃は止まず、スウェーデンは結局92年11月にERMから離脱し、通貨危機に陥ることになった。もっとも、この金融・通貨危機を受けてスウェーデン経済は大きく体質改善されていくことになる。政府の財政再建が進むとともに、中銀の独立性が確保され、金融政策の運営が透明なものになったのだ。

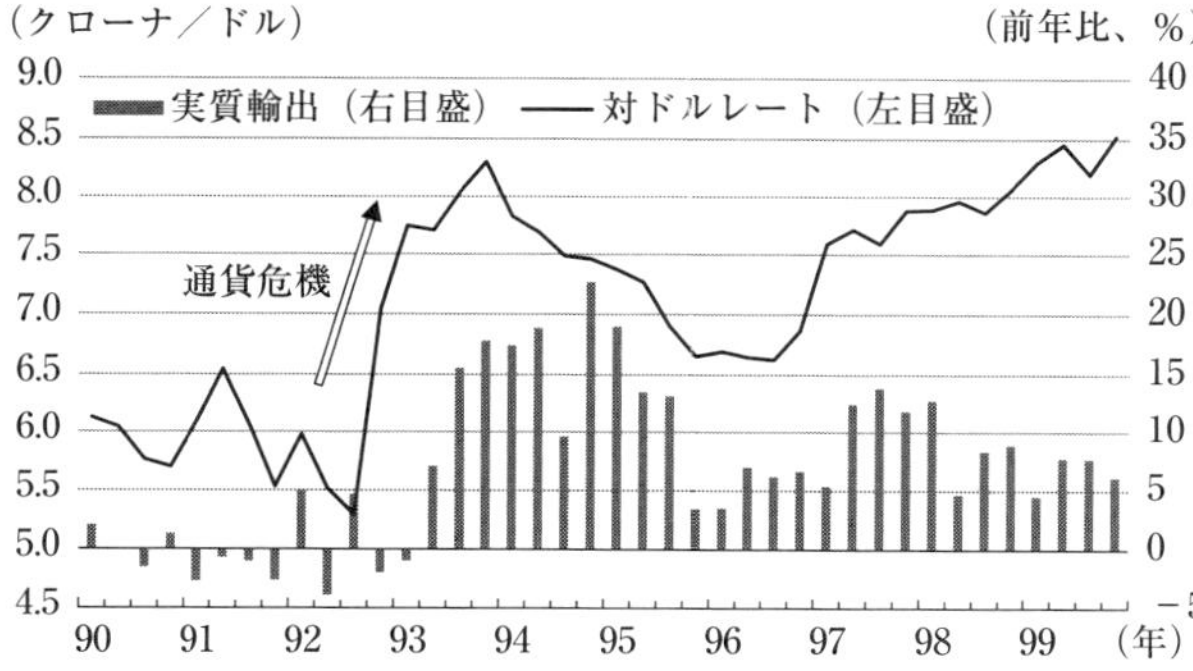

図5－4　90年代のスウェーデンの通貨と輸出
（出所）国際通貨基金（IMF）

政府の財政再建に関しては、財政赤字を嫌気した投資家が国債を売却したために金利が上昇したことや、95年のEU加盟を目前にその条件として財政赤字の圧縮を迫られたことなどを受けて、カールソン首相（1994年10月〜96年3月）と後継のペーションン首相（1996年3月〜06年10月）という本来なら分配を重視する中道左派政権の下で成果を見た。

具体的には年金の給付削減や医療費の負担増、高齢者や資産家への課税強化などが実施された。加えて財政の収支均衡が中央政府ばかりではなく地方政府にまで徹底された。またリクスバンクの金融政策運営に関しては、物価上昇率の目標を2％に定めるインフレターゲットが導入されたほか、99年の法改正で高い独立性が確保された。

こうした構造改革、特に財政の健全化は国民に痛みを伴う。一方でそうした痛みを和らげたのが、通貨危機後も下落が進んだクローナだった。為替レートの下落で輸出競争力が改善し、さらに世界景気の拡大に伴ってスウェーデンの輸出は好調に推移したのである。その結果、スウェーデン経済は94年以降3％前後の成長率を確保することができた。

構造改革によって経済のファンダメンタルズが改善したこと、財政・金融政策の透明性が高まったこと、そして何より、景気が回復したことなどから、スウェーデンではクローナ安が進んだにもかかわらず、人々のクローナの信認が低下せず、非公式なドル化が進まなかったと考えられる。

2003年9月に行われたユーロ導入の是非を問う国民投票で反対派が勝利したことも、スウェーデン国民のクローナに対する信認の高さの裏返しと言えよう。欧州債務危機の際には対ユーロ相場が上昇するなど、投資家によるクローナの評価も回復している。

†内需の刺激につながった英国

スウェーデンと同様に、英国の通貨危機もまた、英国の通貨ポンドとECUとの間で固定相場制度を維持しようとする過程で発生した。具体的には、スウェーデンの通貨危機直

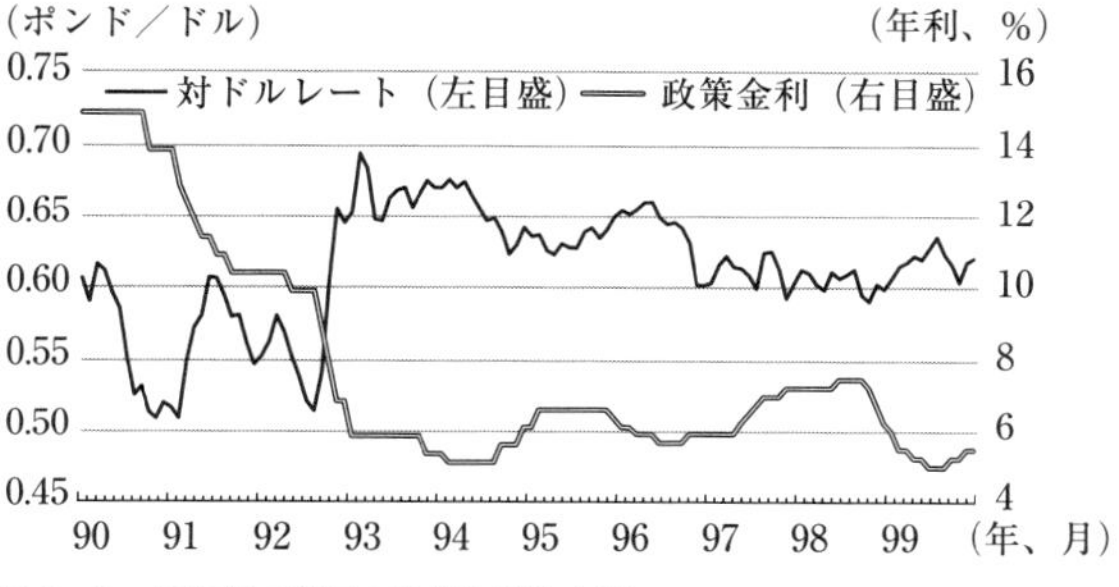

図5－5　90年代の英国の通貨と政策金利
（注）政策金利は公定歩合
（出所）イングランド銀行

前の1992年9月16日、英国の通貨ポンドが急落し、翌日には固定相場制度を放棄してERMからの脱退を余儀なくされたのである（図5－5）。

この9月16日が水曜日であったことから、一連の出来事は「暗黒の水曜日（ブラック・ウェンズデー）」と呼ばれている。ポンドに投機的な攻撃を仕掛けたのが著名投資家ジョージ・ソロスであり、彼はこのときの取引で10億ドル以上と言われる巨万の富を得たことから、英国の中央銀行であるイングランド銀行（BOE）を潰した男という異名を付けられた。

英国はサッチャー政権（任期1979年5月～90年11月）末期の1990年10月にERMに参加し、ポンドとECUとの間で固定為替相場制度を導入した。サッチャー自身はERMへの参加に消極的であったが、彼女の後継で首相に就く親欧派のメージャー財務相

（当時）の進言でERMへの参加を決めたという。

ただ、サッチャー政権末期の英国景気は、80年代半ばの好景気の反動もあって後退局面に差し掛かっていた。本来なら金融緩和で景気を下支えすべきところを、ERMに参加したためにBOEは高金利の維持を余儀なくされた。その結果、ポンドの為替レートは英国の経済の実勢に比べて割高となり、投機的な攻撃を受けるようになった。

BOEは為替介入で対抗し、メージャー政権もERMへの残留を宣言していたが、結局はジョージ・ソロスら投資家による投機的攻撃に敗北、英国は92年9月16日にERMから脱退し変動相場制度に移行した。そのためポンドが暴落し、直前まで1ドル0・5ポンド程度であった為替レートはすぐに1ドル0・7ポンドまで下落した。

その後もポンド相場は95年まで下落が続き、1ドル0・6ポンド台前半が定着することになった。英国の景気はさらに落ち込むかに見えたが、この通貨危機がきっかけとなってむしろ加速し、大陸を上回るテンポで拡大することになったのである。そこには2つの大きな理由があった。

一つが、ポンド安が進んだことで競争力が改善され、輸出が好調に推移したことである。ただ当時も英国の製造業は斜陽化が進んでおり、景気の牽引力はそれほど強くなかった。

それよりも、変動相場制度への移行でBOEが金融緩和を進めることができたことの方が景気加速につながった。これがもう一つの要因である。

当時BOEの政策金利は公定歩合（民間銀行に対して貸出を行う際に適用される金利）であり、通貨危機直前は年9・88％であったが、94年2月までに同5・13％まで引き下げられることになった。この金融緩和によって、それまでの高金利政策で手控えられていた消費が息を吹き返し、景気を牽引したのである。

また、メージャー政権の後を継いだ労働党のブレア首相（任期1997年5月～2007年6月）が、サッチャー以来の成長優先路線を踏襲しつつも左派の立場から社会政策や雇用対策に取り組んだ。その結果、英国経済は2008年秋の金融危機まで息の長い景気拡大を謳歌することになった。

このように、通貨危機は割高だったポンド相場を是正するきっかけになっただけでなく、消費の復活や構造改革の進展につながったため、息の長い好景気が実現した。こうしたことから人々のポンドに対する信認は失われず、英国でも非公式なドル化が進むことはなかったと考えられる。

なお、ポンドは取引の自由度が高く、英国が産油国である故に原油価格の影響も受け易い。そのため投機筋による売買の対象となることから、他の主要通貨に比べると変動が激しいという特徴がある。さらに2016年6月に実施されたEU離脱の是非を問う国民投票では、離脱派が勝利したことによって歴史的な下げを記録するなど、通貨としての安定性はそれほど強くはない。

†欧州統合という特殊事情

以上、通貨危機に陥っても非公式なドル化を免れたケースとして、スウェーデンと英国の事例を比較した。両国とも通貨危機を経験した後にユーロへの参加を検討した時期もあったが、結局はユーロに対する悲観論や慎重論を払拭できなかったため、独自通貨を維持し続けるに至る。

また両国の場合は、通貨危機で景気が悪化するどころかむしろ弾みがつくという経験もしている。スウェーデンの場合は、もともと競争力が高かった輸出がクローナ安でさらに競争力を上げたため、景気を牽引することにつながった。一方で英国の場合は、それまで抑圧されていた消費が金融緩和で息を吹き返し、それが好景気をもたらした。

それではなぜ、通貨危機によって景気に弾みがつくことになったのだろうか。スウェーデンと英国の通貨危機は、為替レートの水準が経済の実勢よりも割高であったために生じた現象であることに間違いはない。一方で、通貨や政府の信認そのものが問われたわけではなかった。これが最大のポイントだ。

そもそも両国の通貨危機は、欧州における通貨統合という特殊な経済事情の下で生じている。そのなかで身の丈に合わない割高な為替レートを維持していたことを投資家は見逃さなかったわけだが、中央銀行の金融緩和によって財政拡大を賄うという「財政ファイナンス」を金融市場が問題視したわけではない。

加えてスウェーデンや英国には、トルコやアルゼンチンのように「財政ファイナンス」に端を発した通貨危機を繰り返した歴史もない。固定為替相場制度を導入していた時期には、平価切り下げ（貿易収支を改善させるために自ら為替レートを引き下げること）を実施した経験はあるものの、これはあくまで通貨政策の一環で行われたに過ぎない。

このように、スウェーデンと英国が90年代初頭に経験した通貨危機は、トルコやアルゼンチンなどがこれまで経験してきた通貨危機とは背景がかなり異なる。そのため両国の通貨危機は、通貨の切り下げや金融緩和といった景気刺激効果を持っており、通貨の信認も保たれたことから非公式なドル化も進まなかったのである。

現代では、先進国の殆どが変動相場制度を採用している。そのため、為替レートは経済ファンダメンタルズを反映した形で日々変動するケースが多い。為替レートが急落するとしても、固定相場制度を放棄したときのような暴落を伴うようなことはまずない。そのため先進国でスウェーデンや英国が90年代初頭に経験したような通貨危機が生じることも考え難い。

それに、今後先進国で通貨危機が生じても、それが景気の加速につながるという展望は描けないと言っていい。確かに90年代初頭のスウェーデンは通貨危機で輸出競争力を高めたが、いまではどの先進国の製造業も貿易相手国での現地生産化を進めている。通貨安で輸出が息を吹き返すとしても、その勢いは過去に比べて弱くなっている。

通貨危機が生じた当時、スウェーデンと英国は為替レートを維持するために身の丈以上の高金利を維持していたわけだが、そうした先進国はもはや存在しない。それ故に、通貨危機で金融緩和が促されても、内需が活性化する展開はまず見込めない。通貨危機が景気の加速につながるという経験則は先進国ではもう通用しないのだ。

スウェーデンと英国はERMから離脱し、ユーロ加盟を見送り続けているが、一方でERM危機を耐え抜いてユーロ加盟を果たした国のなかには、割高な通貨を抱えたことで経済が苦境に陥った国がある。具体的には債務危機に陥った南欧諸国のことであり、その代表的な存在がギリシャだ。

債務危機に陥ったギリシャは同時に国際収支危機に直面した。通常、こうした経済は通貨危機にも陥ることになる。ギリシャの場合、それはユーロからの離脱を意味したが、結果的にそれを回避することができた。次節ではこの経験を紐解いてみたい。

3　ギリシャ危機とユーロ化

✝着火点となった財政統計不正問題

ギリシャの累積債務問題は、2009年10月の政権交代時に発覚した財政統計の改竄に端を発する。新首相に就任した中道左派政党PASOK（全ギリシャ社会主義運動）党首のパパンドレウ氏が、中道右派のライバル政党で新民主主義党（ND）のカラマンリス政権（2004年3月〜09年9月）時代の統計不正を公表したのだ。

その結果、それまでGDPの4％程度とされていたギリシャ財政赤字は、実際は13％近くまで拡大しており、また公的債務残高もGDPの100%を超える規模まで膨張していたことが発覚した。この事態を受けて格付け機関は相次いでギリシャ国債を格下げし、ギリシャから資本流出が加速することになった。

ギリシャは2010年4月、EUとIMF（国際通貨基金）に対して金融支援を要請した一方で、その条件（コンディショナリティ）として課された財政緊縮に努めた。ただ景気の悪化が深刻であったため、緊縮に努めても財政収支と経常収支はなかなか改善せず、それを嫌気して資本流出がさらに加速するという悪循環に陥った。

EUからの金融支援も第二次（12年3月）、第三次（15年8月）と追加され、IMFとの合計で約2900億ユーロの資金が提供された。ただこれはEUが巨額の金融支援を渋り、小出しに追加していく戦力の逐次投入に終始した結果、膨れ上がったものである。最初から巨額の支援に踏み込んでいたらここまで膨張しなかったろう。

このとき、ギリシャは内的減価と呼ばれる通貨政策を余儀なくされた。経常（貿易）収支を改善するためには輸入を抑制して輸出を促進させる必要があるが、その手段として為替レートを切り下げることがある。これは外的減価と呼ばれる通貨政策であるが、ユーロに加盟しているギリシャは勝手に為替レートを引き下げることができなかった。

そのためギリシャは、厳しい財政緊縮を通じて国内の景気を悪化させ、加えて雇用や賃金といった労働コストを減少させることで、経常収支の改善を試みた。この政策こそ内的減価政策と呼ばれるマクロ経済政策であるが、雇用や賃金を文字通り犠牲にする政策であったため、人々に容赦のない痛みを負わせることになった。

例えば失業率は、最悪期の2013年には27・5％にまで上昇した。特に25歳未満の若年労働者層の失業率は58・4％にまで達していた。もともと自然失業率（長期的な均衡状態にある失業率）が高い傾向があり、また若年労働者層が需給の調整弁を担うような労働市場であったとはいえ、この時期のギリシャの状況は異常であった。

もう少し詳しく説明すると、為替レートには額面のレートに相当する「名目為替レート」と物価変動の影響を除いた「実質為替レート」が存在する。両者の間には実質為替レート＝名目為替レート÷内外価格差（簡略化して国内物価）という関係式が成り立つ。経常収支を改善させるために必要なことは、実質為替レートを引き下げることだ。

仮に100＝100÷1という関係が成立していたときに、実質為替レートを120まで引き下げたいとする。名目為替レートの操作が可能なら、それを120まで20％引き下げれば、国内物価に影響のない形で目的を達成することができる。ただ名目為替レートの操作が不可能なら、国内物価（であり賃金）を1から0・83と16％も引き下げなければならない。

独自通貨を維持していたなら、名目為替レートを引き下げることで、経常収支を改善することができただろう。しかしギリシャにはそれが不可能であったため、厳しい財政緊縮で賃金など労働コストを抑えて物価を引き下げる必要に迫られた。そうまでしてギリシャはユーロに踏み止まることを選択したことになる。

もちろん、選択肢としてのユーロ離脱はあり得た。だが一方で、EU側がユーロ圏からの排除をちらつかせることでギリシャに財政緊縮を課し、それをギリシャが受け入れた事実がある。それではなぜギリシャは、壮絶な雇用の悪化を受け入れてまでユーロ圏への残留を決めたのだろうか。

†ユーロ残留しかなかった選択肢

筆者は2018年夏、都内で開催されたある研究会に参加した。その際、発表者として招かれていたロンドン大学東洋アフリカ研究学院（SOAS）教授のコスタス・ラパヴィツァス氏と話をする機会があった。同氏はギリシャの政権与党である急進左派連合（SY

RIZA）所属の国会議員（15年1〜8月）としても活躍した人物である。

マルクス学派流の政治経済学に立脚したラパヴィツァス氏は、金融が経済や社会に多大な影響を与える「金融化」（financialization）の現象を批判的に検討することで知られており、近年は2008年秋に生じた世界金融危機の政治経済学的分析に注力してきた。SYRIZA政権下で財務相という重要なポストを担った同氏に、筆者はある疑問をぶつけた。

それは、いわゆる「プランB」と呼ばれたギリシャのユーロ圏脱退計画に関するものである。ギリシャの債務危機が日本でクローズアップされていた時期、様々な立場から喧々《けんけん》囂々《ごうごう》の議論がなされていたが、そのなかにはギリシャは早期に破綻し、ユーロから離脱すべきであるという意見を呈する有識者も少なからず存在した。

経済の実勢に比べて割高に評価されたユーロから離脱し、身の丈に合った新通貨（俗に新ドラクマとも言われた）を導入すれば、ギリシャの競争力は改善して経済は早く再生するというのが、ユーロ離脱派のロジックであった。必ずしも経済に詳しくないギリシャ専門家のなかにも、こういう主張を展開する論者がいたように記憶している。

筆者は当初からそうした意見には否定的であった。身の丈に合った新通貨を導入するということは、自発的な通貨危機の敢行にほかならない。債務危機の当初ならともかく、危機が長期化するなかで通貨危機まで生じれば、経済や社会の混乱に拍車がかかることが容易に想像されたからである。

製造業の発展が遅れたギリシャ経済は輸入依存度が高い。そのため通貨危機が生じれば輸入が滞り、景気後退がさらに深刻化することは明白だった。バルカン半島における地政学の要であるギリシャで社会不安や政治不安が一段と高まることの危険性を、ユーロ離脱論者は軽視する傾向が強かった（ないしは理解していなかった）のである。

ユーロから離脱してもギリシャはEUに残留する。経済がますます混乱したギリシャをEUが抱えるリスクについても、ユーロ離脱論者は軽視していた節がある。そこで、短期とはいえSYRIZA政権下で経済政策の立案に携わったラパヴィツァス氏に、ユーロ離脱がギリシャにとって有効な手段となり得たのか質問したわけだ。

ラパヴィツァス氏は、SYRIZA政権も一時ギリシャがユーロ圏から脱退することを検討したが、政治的なハードルの高さを考慮すると実現は不可能であるという判断を下したと筆者に答えてくれた。特に問題となったのが、ユーロ建てで行われていた年金制度や個人の金融資産への対応の問題であったという。

ユーロから離脱して新通貨を導入した場合、ギリシャが通貨危機に陥ることは明白だった。ユーロで積み立てられていた年金や金融資産は新通貨で評価され直すことになるため、価値が相当に目減りすることが予想された。既にそれまでの債務危機で疲弊していたギリシャの人々にさらなるショックを与えることなどできるわけがないということだ。

当時のSYRIZA政権は、緊縮路線で窮するギリシャの国民の声を受けて成立したばかりであった。国民の支持をつなぎ止めるためにも、そしてギリシャで高まる社会不安をさらに深刻化させないためにも、ユーロ離脱を敢行して経済にそれまで以上の悪影響を生じさせることは、SYRIZA政権にはできなかったのである。

ラパヴィツァス氏の言葉は、短期間とはいえ政権での政策決定に携わっただけあり、非常にリアリティに富んでいた。また通貨統合に参加した経済が危機に陥った場合、そこから離脱するという選択肢は様々な観点から困難を伴うことを、改めて浮き彫りにするものであった。

†非現実的な議論としてのユーロ離脱

本書の第2章の第3節（米ドルには勝てないユーロ）で、国際決済通貨としてのユーロの位置づけはさらに退潮する見込みであると筆者は展望した。ただそれは通貨としてのユーロが崩壊するという意味ではない。ユーロ崩壊論者が声高に語るほど、ユーロは脆い存在ではないのである。

ユーロ崩壊論者は、最適通貨圏の理論を引き合いにユーロの脆弱性を指摘する。構造が類似した複数の経済でないと、通貨を統合しても持続可能なものにならないというのがこの考え方のエッセンスだ。通貨統合が成功するための前提条件とも言えるが、ユーロはそれを満たしていないというわけだ。

米コロンビア大学のロバート・マンデル教授などが提示した最適通貨圏の必要条件は、①経済の同質性（GDPの需要項目の内訳や経常収支の構成が似ていること）、②経済の対外開放性（財・サービスや資本の取引、労働力の移動が自由であること）、③財政の統合性（所得格差を財政政策で是正できること）の三点に集約できる。

市場統合が進んだユーロ圏の場合、②はクリアできている。問題は①と③であるが、①はそれほど本質的ではないと考えられる。米ドルを使う上で工業地帯である東海岸と穀倉地帯である中西部の間で経済の同質性が問われることはないし、日本円を使う上でも都心部と地方部における経済の質の違いが問題になることはないからだ。

要するに、通貨統合を考える上で重要な条件は③だ。これを満たしていれば財政による所得再配分が行われるため、①の条件はカバーされる。確かにユーロは③の条件を満たしていない。その意味では脆弱な通貨であるが、一方で崩壊論者が考えるほど壊れ易い通貨でもない。

既にユーロは流通から20年が経過しており、EU各国の経済活動はユーロを軸に営まれている。独自通貨を再導入しても、南欧諸国のようにユーロ導入が為替切り上げに働いた場合は、通貨危機に陥ることが目に見えている。通貨危機に陥った南欧諸国では非公式なユーロ化が間違いなく進むため、混乱に拍車がかかる。

一方で、為替切り下げに働いた北欧諸国、特にドイツも金融危機に陥る可能性が高い。ユーロ圏にはターゲット2と呼ばれるユーロ圏19か国の中銀が資金決済を行う仕組みがある。18年末時点でドイツ連銀は9000億ユーロの貸出超過となっており、主な貸出先はイタリアやスペイン、ポルトガルといった重債務国だ。

彼らがユーロから離脱すれば、ドイツ連銀の貸付が焦げ付いてしまうことになる。正確には、貸付の全額が焦げ付いてもその全てがドイツ連銀の負担になるわけではない。欧州中銀への出資比率（19年は26・4％）に応じた負担に留まるとはいえ、負担が生じることに間違いはないし、その負担は納税者に帰することになる。

ドイツからしても、加盟国のユーロ離脱は望ましい話とは言えない。要するに、ギリシャだけではなく、ユーロ圏に加盟した国はユーロにしがみ付くしか道は残されていない。そうであるからこそ、ドイツはギリシャなど重債務国に金融支援を行ったし、重債務国もまた壮絶な財政緊縮に努めたわけだ。

もちろんユーロが未来永劫続く保証はないが、かといって今すぐそれが崩壊するような状況にもない。ユーロ崩壊論者は短絡的な結論を下しがちであるが、通貨危機や非公式なユーロ化といった観点を踏まえて整理していくと、現実がそれほど単純なものではないことが明白になるはずだ。

見方を変えると、ギリシャなど重債務国はユーロ（EU）に縋ることができた。そのコストは大きかったが、それでも非公式なユーロ化（ドル化）という厄介な事態に陥ることは回避できた。ユーロ崩壊論にシンパシーを持つ人が少なくない日本であるが、その日本が通貨危機に陥った場合、我々は誰に縋ることができるのだろうか。

仮にギリシャがユーロから離脱して新通貨を導入したらどうなっていただろうか、思考実験をしてみたい。

まずギリシャ政府は新通貨（仮に新ドラクマ）を導入すると同時に預金封鎖を行い、銀行口座からの引き出しを一切できない状態にする。そのうえで、銀行口座のユーロ建て預金は強制的に新ドラクマ建てに交換される。

一時的に国内でユーロの利用を禁止する通達が出されると、人々は銀行でユーロを新ドラクマに交換することになる。そのときに適用される為替レートは、ユーロ圏から離脱した際に政府が定めたものだ。ただ景気の悪化を受け、導入時の為替レートも経済の実勢に比べると割高とならざるを得ない。また闇取引でユーロは利用されることになる。

新ドラクマの為替レートが変動相場制度なら、ファンダメンタルズの悪化に応じて為替レートが下落する。しかし固定相場制度であれば、その悪化に乗じて投機的な攻撃が仕掛けられるため、いつかのタイミングで通貨危機に陥ることになる。いずれにせよ通貨切り替え時の為替レートは維持できない。

ギリシャ中銀は為替レートの下落に歯止めをかけるため、大幅な利上げを行わざるを得なくなる。企業や家計は資金繰りに窮してしまい、消費、投資、雇用のすべてが悪化する。既に債務危機で疲弊していたギリシャ経済に、さらに追い打ちがかかることになる。ギリシャの景気は不況を通り越して恐慌の様相を呈するだろう。

こうした事態をあらかじめ予見できた人々は、大量のユーロ紙幣を手元に何とかかき集めようとする、あるいは金などの貴金属や不動産、自動車や船舶といった実物資産を購入して資産防衛を図るだろう。新ドラクマを導入したところで非公式なユーロ化は止められるわけがない。

実際、ギリシャのユーロ圏離脱の可能性を見越していた人々のなかでは、隣国ブルガリアに赴き、手持ちの資金をブルガリアの通貨レフに換える動きもあったようだ。カレンシーボード制の下でユーロとの為替レートが固定されたレフを買って現地の銀行に預けておけば、預金封鎖が実施されても安心というわけである。

非公式なユーロ化が進んだギリシャ経済は、高金利、低投資、低成長の負のサイクルへと突入する。こうしたなかでは巨額の債務を返済できないため、ギリシャ政府は債務不履行に陥ってしまう。国際的な信用を失ったギリシャは外資を導入できず、負のサイクルから抜け出すことができなくなる。

ハイパーインフレが進んで名目GDPが急増すれば、財政再建へ追い風が吹いたかもしれない。ただこれは第6章で説明する「インフレ課税」と呼ばれる現象であり、物価高で民間の経済活動が悪化するため、結局のところ景気の長期低迷につながる。つまりユーロから出たところで、ギリシャは経済を立て直すことなどできなかったわけだ。

むしろ新ドラクマを導入することで非公式なユーロ化が進み、事態がより一層複雑なものになった可能性の方が高い。もちろん今まで述べた思考実験は、ギリシャが新ドラクマを導入した場合の最悪のケースである。ただそれは程度の問題であるだけで、ギリシャ経済の混乱に拍車がかかったことは間違いない。

ユーロに加盟することは公式的なユーロ化に踏み切ることと同じである。ただ公式的なユーロ化（ドル化）には、一度断行すると独自通貨の発行が事実上不可能になるという強い不可逆性（ロックイン効果）がある。つまりこれは、離脱のコストが残留のコストをはるかに上回ることを意味しているわけだ。

ユーロ離脱を進言するような意見を持っていた有識者のなかには、根本的にユーロ化（ドル化）に関する知識が十分でなかったのではないだろうか。また紋切型の感情論が一部で先行していたきらいも否めない。ギリシャがユーロにしがみ付かざるを得なかったのは、離脱をすればさらに険しい道が待っていたからにほかならないのだ。

第 6 章
日本で米ドルが使われる日
——忍び寄るドル化の足音

財政金融委員会で答弁する安倍首相と黒田日銀総裁

これまで本書では、非公式なドル化という経済現象について様々な観点から議論をしてきた。財政を中心に経済のファンダメンタルズが悪化した国の多くは通貨危機に見舞われており、その過程で非公式なドル化も進んだ。通貨危機を繰り返すことで非公式なドル化が定着すると、低貯蓄、低成長の負のスパイラルに陥ることになる。

日本経済は今、先進国で最悪の財政を抱えている。日本銀行による金融政策は、財政を維持し、その信認を確保することに注力している状態だ。このスキームが臨界点を迎えたとき、日本の財政の、そして円の信認が失われることになる。そして円が大暴落して日本が非公式なドル化へと突き進む恐れがあるのだ。

本章では日本円の現状を整理したうえで、日本経済のファンダメンタルズがどれだけ悪化しているのかを明らかにしたい。そして日本で非公式なドル化が進んでしまうこと、つまり「日本で米ドルが使われる日」が来る可能性について、様々な観点から検討していく。

1　歴史的安値圏にある日本円

†名目と実質の乖離

まずはドル円レートの歴史を簡単に振り返ってみよう。1973年にブレトン・ウッズ協定に基づくドル本位制が終焉し、それまで固定されていたドル円レートは自由化されることになった。それ以降は90年代半ばまで円高ドル安が定着し、その後2000年代中頃までは振幅を伴いながらも1ドル120円前後の為替レートが確立した。

歴史的な円高局面を迎えるのは、2008年秋の世界金融危機以降のことである。世界金融危機を受けて欧米の金融機関や政府の財務体質が悪化したことにより、リスク回避志向を強めた投資家たちは低リスク通貨とみなされる日本円を積極的に購入した。その結果、1ドル100円を下回る為替レートが定着した。

2011年3月に東日本大震災が生じるとこの流れに拍車がかかり、同年10月31日には戦後最高値となる75円32銭まで円高が進んだ。円高局面が終焉を迎えたのは翌2012年であり、欧州で債務問題への対応が進んだことや、日本で民主党から自民党への政権交代が見込まれたことでドル円相場は円安方向に振れ始めた。

2012年12月に安倍首相が、翌13年3月に黒田日銀総裁が誕生すると、いわゆるアベノミクス路線の下で大規模な金融政策が採られるという期待が高まった。実際に日銀が「量的・質的金融緩和（QQE）」と名付けた大規模金融緩和に踏み込むと、一時120円台まで円安が進んだ。

変動相場制へ移行した当初から比べれば、ドル円レートは円高で推移している。ただしそれは名目が描く世界だ。物価変動の影響を除いた実質ベースで測った日本円の実効レート（実質実効為替レート）は、実は歴史的な安値圏にある（図6-1）。つまり名目の世界とは裏腹に、日本円の実質的な価値は既にかなり落ちているのだ。

実質ベースで見た歴史的な円安は、競争力の向上でありながら購買力の低下でもある。90年代までの日本であれば、輸出品がまだ国内でも生産されていたことから、競争力の向上が勝っただろう。だが後述するように「地産地消」の観点から製造業の国外移転が進み、国内で輸出品が作られなくなった現在、むしろ購買力の低下が勝っている。

日本社会は着実に少子高齢化が進んでいる。移民の受け入れを本格的に検討しない限り、労働人口の減少に歯止めはかからない。経済学的に言えば、人口が減少してもそれ以上に設備が増加し、技術にも向上がみられるなら経済は成長する。ただ実際に、企業がそのペースで設備を増やしたり、技術を向上できるかは別の話だ。

通貨安と通貨高にはそれぞれメリットとデメリットがあるが、どちらが勝るかはその経済の状況に応じて決まる。ただ現状のように、少子高齢化が進み、生産力の低下を輸入でカバーするような経済では通貨高の方がメリットは大きい。少なくとも通貨の信認を保っておかなければ輸入が立ち行かなくなり、経済活動を営むこともままならなくなる。

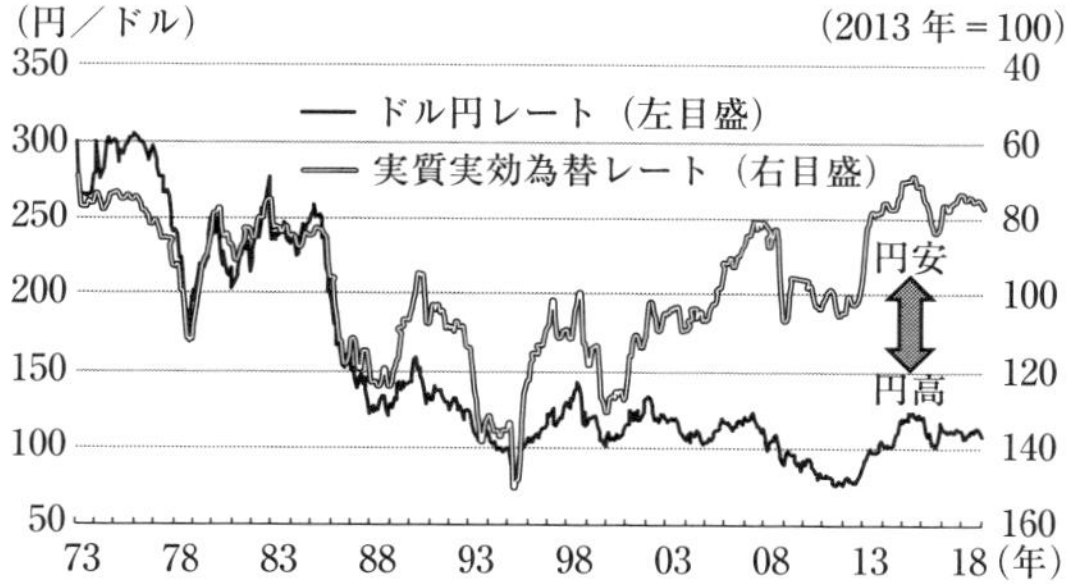

図6－1　ドル円レートと実質実効為替レート
(注) 月次レート
(出所) 日本銀行

実質為替レートで見た歴史的な円安が、円の信認低下を反映した現象であるとまでは断言できない。ただ日本経済のファンダメンタルズ、そのなかでも最も重要な財政に関しては悪化が顕著である。その財政を支える大規模な金融緩和がきっかけとなり、歴史的な円安が生じたことは確かだ。

物価変動と貿易を加味した為替レートが安倍政権下で歴史的な円安状態になったということは、今後、1ドル100円といった名目のドル円レートが1ドル150円にまで下落した場合、実質ベースで図るレートは今よりもさらに円安の状態になる。つまり、対外的な購買力がより低下してしまうということだ。

もちろん円高と円安は繰り返すものであり、ドル円レートがこの先すぐに急激な円安に振れると筆者は考えていない。ただ今の日本銀行による大規模な金融緩和が持続不可能となって政府の信認が揺らいだときは、円は間違いなく暴落する。そうなれば日本でも非公式なドル化が進み、それが日本経済の再生を阻むことになるはずだ。

†円高性悪説の背景

日本では円高に対するアレルギーが根強い。メディアも当たり前のように円高のデメリットを強調する。しかし本来、円安にも円高にもそれぞれメリットとデメリットがある。グラフに言えば、円高の場合は輸入が有利になるほか、海外での消費を容易にするという意味で、購買力の向上につながるメリットがある。一方で、輸出に関して言えば、競争力の低下を招くというデメリットもある。

反対に円安の場合は、輸出競争力が向上する反面で、購買力は低下する。それぞれのメリットがデメリットに勝る状況は、その時々の日本経済が置かれている環境に左右される

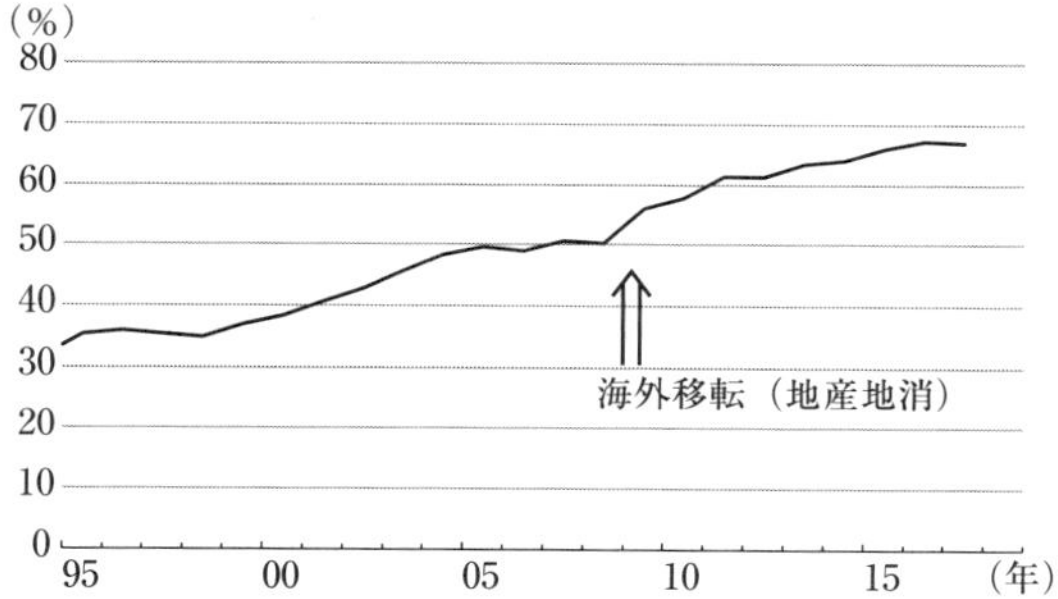

図6－2　完成車（四輪）の海外生産比率の推移
（注）海外生産比率＝現地生産台数／（総生産台数）×100
（出所）日本自動車工業会

だろう。しかしながら円安の方が望ましいという一種の信仰、いわば「円高性悪説」が日本には根付いているように思えてならない。

1980年代、日系メーカーは日米貿易摩擦を回避する手段として、生産拠点を米国に移管させる動きを強めた。それが90年代に入ると、円高による競争力の低下を解消するという視点から、生産拠点の海外展開を推進するようになった。その結果、いわゆる「地産地消」と言われる為替変動に影響され難い生産体制が構築されたのである。

「地産地消」を進める代表的な産業として自動車があるが、その現地生産割合（日系メーカーの総生産台数に占める現地生産の割合）は既に50％近い（図6－2）。もちろん一部大手メーカーの中には、雇用を維持する観点から国内での生産を続けている例も存在するが、円高による競争力の低下という現象は過去に比べるとかなり緩和されているはずだ。

にもかかわらず、産業界では円安を求める声が強い。背景には、企業が海外から得られる収益を円換算するに当たり、円高の進行によって業績が悪化することへの警戒感がある。同様に海外にある子会社や関連会社の企業価値も、円建てで見ると下がってしまう。そのため円高よりは円安が望ましいという企業の声がクローズアップされがちなのだ。

さらに心理的な要因として、近年の円高局面が日本景気の後退期と重なっていたことも重要だ。特に2008年秋の世界金融危機後に進んだ円高局面は、ちょうど世界景気の低迷期に当たっていた。この際に円高イコール景気悪化というイメージが人々の間で広がり、円高性悪説の定着につながったと考えられる。

世界金融危機前のドル円相場は、好調な米景気を受けてドル高気味に推移していた。この動きを促していたのが円キャリートレードと呼ばれる投資家の取引だ。具体的には、日銀の金融緩和で低金利が常態化していた円資金を投資家が借り入れ、それを元手に高金利の通貨や外債を購入するのである。

世界金融危機が生じたことで、投資家は損失を確定させるために外貨や外債を売却し、日本円を買い戻した。このときに生まれた円高圧力が非常に強く、1ドル100円程度であった当時の為替レートはいっきに90円台へと突入することになった。この円高によって、日本の輸出競争力は低下した。

同時に欧米を中心に世界の景気は悪化し、需要も落ち込んだ。円高の進行と需要の減少というダブルパンチを受け続けた結果、日本の輸出は減少し景気も悪化を余儀なくされた。その後、世界景気の低迷が続いた2011年3月に東日本大震災が生じると、1ドル70円台まで円高が進んだ。供給網の寸断と円高を受け日本の輸出は再び悪化したのだ。

確かに企業業績を考える上では、ドル円レートは円安気味に推移した方が良い。少なくとも急速な円高は、円建てで見た業績が急激に悪化してしまうため、企業としては回避したいはずだ。ただ、日系メーカーの現地生産割合は着実に上昇しており、企業の円高への耐性は高まっている。また生産拠点の海外移転が進んだ以上、円安で日本からの輸出が増えるわけでもない。

にもかかわらず近年、世界の景気悪化が円高局面と重なったために、日本で円高のメリットを軽視する「円高性悪説」が根付いてしまったのだろう。繰り返しとなるが、実質ベースで見た日本の為替レートは既に歴史的な安値圏にある。少子高齢化が進む日本社会の現状を踏まえれば、円安のデメリットが意識されてもいいはずだ。

†個人投資家が進める日本のドル化

こうしたなかで、実は日本でも非公式なドル化が緩やかながらも着実に進んでいる。それは1章で見た沖縄や横須賀などでのドル化とは異なり、家計の外貨預金の増加という形で現れている。図6－3は、日銀が公表する資金循環統計のうち、家計が保有する外貨預金の推移を見たものである。

これによると、日本の家計が保有する外貨預金は、2018年末時点で6兆7669億円と過去最高を更新した。GDPとの対比は1・23％と直近の最高水準である13年第一四半期の1・34％には及ばないものの、それに迫る勢いで上昇が続いている。預金総額に占める割合はまだ0・8％程度であるが、こちらも着実に上昇している。

外貨預金は円高の局面で増加し、円安の局面で減少する傾向がある。1ドル80円のときに1万ドルの外貨を購入し、1ドル120円のときに円に両替すれば40万円の為替差益を得ることができるからだ。そのため外貨預金は増加と減少を繰り返すが、それでも趨勢的に見ると確実に増加しているのである。

トルコやアルゼンチンのケースと同様、外貨預金の増加はＩＴ技術の発展によって促された側面も大きい。特にインターネットを通じて気軽に外貨を購入できる環境が整ったことは画期的であった。いまや銀行のインターネット預金口座を通じての購入やＦＸ（外国為替証拠金取引）による売買も盛んである。

図６－３　日本の外貨預金
（出所）日本銀行「資金循環統計」

特にＦＸを行う個人投資家は「ミセス・ワタナベ」という俗称がつけられるほど、外為市場におけるビッグプレーヤーとなっている。レバレッジを効かせる彼らの動きは、銀行やヘッジファンドといった機関投資家にも対抗できるパワーを持っており、為替レートの動きを大きく左右する。

こうした投機的な動機を持つ個人投資家だけでなく、長期的な投資の観点から外貨建て資産を形成する個人投資家も存在する。投資家は為替変動リスクを嫌うため、国内の資産に投資する傾向（ホームバイアス）が強い。しかし、低成長と低金利に喘ぐ日本の金融資産の運用利回りは低く、高利回りである海外の資産に魅力を感じる人々が増えているようだ。

2000年代に入ると、BRICsをはじめとした有力な新興国の国債や企業の株式に対して、米ドルや現地通貨建てで投資を行う信託商品の扱いも金融機関で急増し、個人投資家からの人気を集めた。近年では、保険会社が米ドル建てや豪ドル建ての保険商品（年金保険や終身保険）の販売を強化している。

長期的な観点で投資を行う個人投資家の場合は、ヘッジ（手数料を支払い為替変動に伴う影響を解消すること）を行わない限り為替変動リスクを負うことになるが、暗黙の前提として将来的な円安を想定しているケースが多いだろう。つまり金利収入（インカムゲイン）よりも売却収入（キャピタルゲイン）を重視しているわけだ。

一連の動きは、日本でドル化がまだ静かではあるが着実に進んでいることの証左と言える。一方、日本円の信認を疑い、資産を防衛するという観点から外貨建ての金融商品を購入する人々はまだごく少数だろう。とはいえ、日本の金融資産の魅力を削いでいる低金利と低成長の問題は、先進国で最悪と言われる財政を反映した現象である。

通貨の信認は、基本的に政府の財政への信認に基づくものだ。その財政が抱える巨額の債務を支えるため、日銀が強力な金融緩和に努めて超低金利環境を演出している。そして潤沢な民間の黒字が、政府の赤字をカバーしている（つまり経常収支が黒字である）ことで、円の信認は何とか保たれているのである。

ただこうしたスキームは盤石ではなく、むしろ今後は維持が難しくなる恐れが高い。将来、ある臨界点を迎えたときには、堰を切ったように円安の流れが押し寄せ、日本が通貨危機に陥るかもしれない。そうなれば、人々は資産防衛のために米ドルを購入し、それを手持ちで保有する時代が訪れるだろう。次節以降で詳しく考えてみたい。

2　悪化が深刻な日本のファンダメンタルズ

✝先進国最悪の財政

日本の財政は間違いなく先進国で最悪の状態にある。毎年GDPの5％近い赤字を計上している先進国は、日本以外まず存在しない。利払い費を除いたプライマリーバランスでさえGDPの3％程度の赤字を解消できていない。その結果、政府の借金に相当する公的

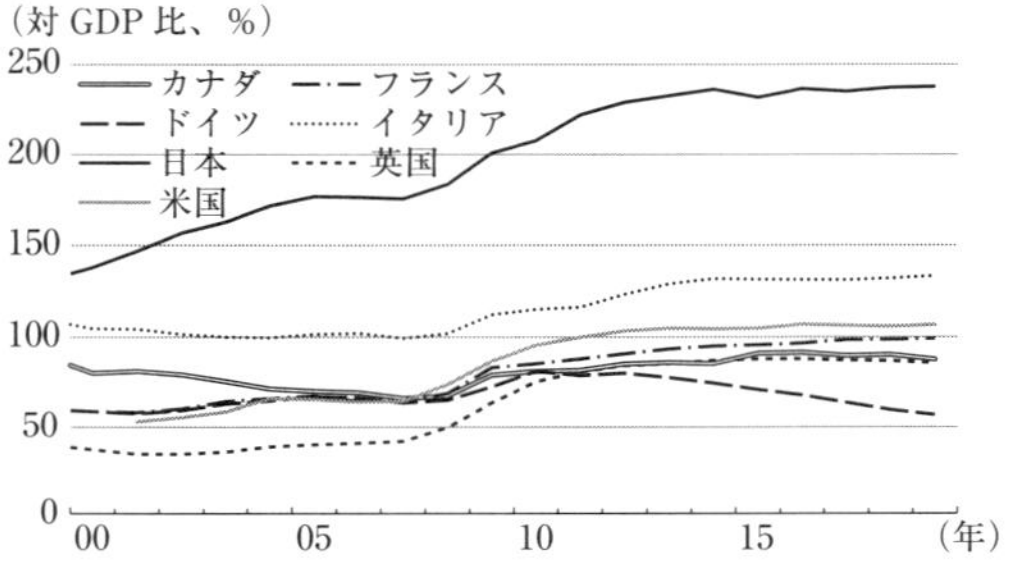

図６－４　G7の公的債務残高
（注）18年と19年はIMFによる推計値
（出所）国際通貨基金（IMF）, *World Economic Outlook*

債務残高の規模はＧＤＰの２００％を超える異常な状態となっている。

図６－４は主要先進７か国（Ｇ７）の公的債務残高の推移を見たものだ。一貫して日本の規模は他の主要先進国を引き離していたが、２００８年秋に生じた世界金融危機で景気が後退したのを受けて様々な経済対策を行った結果、公的債務残高はＧＤＰの二倍を超える水準まで膨らむことになった。

２０１８年度の一般会計予算（図６－５）を見ると、歳入（歳出）総額97・7兆円のうち税収が59・1兆円（60・5％）となっており、不足分（正しくは総額の34・5％）に相当する33・7兆円が公債金、つまり国債（特例国債と建設国債）の発行によって得られる収入である。単年度の財政運営の実に３割以上が借金を前提としたものになっているわけだ。

歳出に目を向けると、97・7兆円の33・7％に相当する33・0兆円が社会保障（年金・

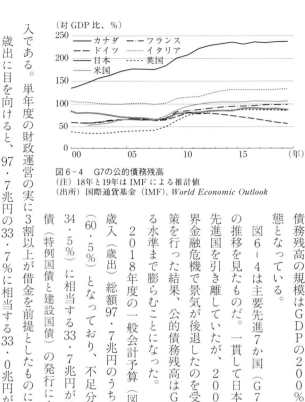

医療）に関する支出である。この費用が少子高齢化により膨らみ続けていることが最大の問題であるが、極めて政治的な問題であるため手つかずの状況が続いている。次いで地方交付税交付金等、公共事業といった費目が並ぶ。

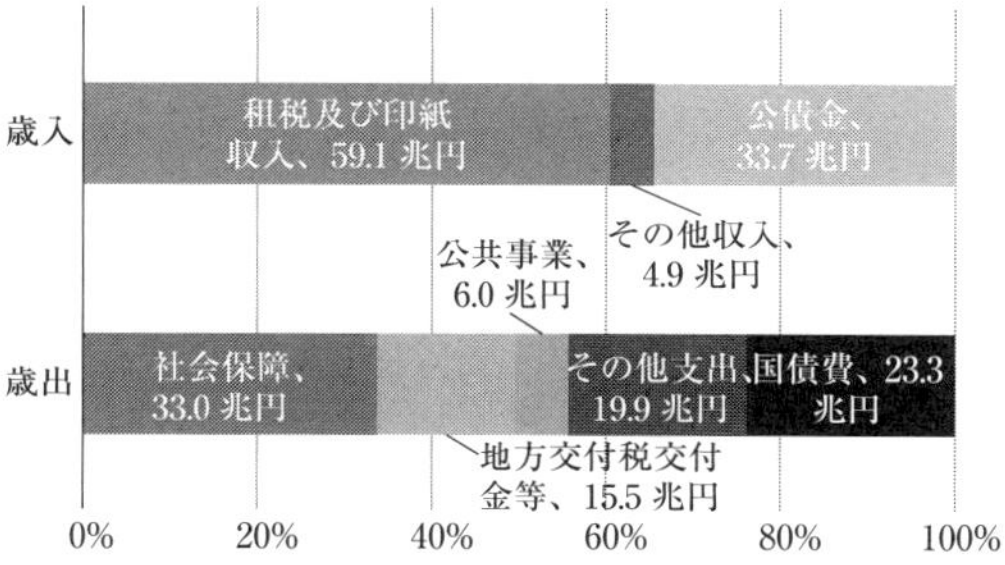

図6－5　2018年度一般会計歳出・歳入の構成
（注）2018年度の一般会計歳出・歳入の総額は97.7兆円
（出所）財務省「平成30年度一般会計歳出・歳入の構成」

加えて、公的債務残高は借金であるから、元本に加えて利息も支払う必要がある。18年度の一般会計予算のうち、歳出総額の23・8％に相当する23・3兆円が国債費、うち利払費等は9兆円程度である。日銀による強力な金融緩和の大きな目的の一つが、この巨額の利払費の支払いを抑制することにある。

日銀による金融緩和で長期金利が低下することで、財務省は新発債に適用する利率を低くすることができる。さらに既発債に関しても、借り換えを行うことで利払いを圧縮することが可能になる。金利の低下が進むたびに借り換えが行われた結果、現在では国債発行残高の6割以上を借換債が占めることになった。

日本の低金利環境は、2012年末に発足した安倍政権と、翌13年3月に発足した黒田日銀体制の下で強まった。デフレ脱却を掲げる安倍政権の意向を汲んだ黒田日銀総裁が「量的・質的金融緩和」と呼ばれる大規模な金融緩和を開始し、政府が毎年発行する新発債以上の国債を市場から買い入れるようになったためである。

それまで日本の国債を支えていたのはメガバンクを中心とする日本の銀行であり、銀行に預金を預けている家計であった。それがQQE（量的・質的金融緩和）の開始に伴い、中央銀行である日銀が、市場に出回る国債を購入する最大のプレーヤーになった。市中での購入であるとはいえ、これは通貨危機を招く「財政ファイナンス」に限りなく近いスキームだ。

政府には資産もあるはずだから負債ばかりを見るのは間違いで、負債から資産を差し引いたネットベースの負債で議論すべきだと説く人もいる。しかし政府が持つ資産のうち、簡単に売却できるものなど存在しない。例えば国道や堤防はそれぞれ60兆円以上の価値があるとされるが、これらは公共財であり、収益も生まないために買い手などつかない。

その他の資産に関しても、基本的には自由に売却できない。そもそも仮にネットベースで比較しても、日本の公的債務残高は先進国で最悪の水準にあることに変わりはない。

また、日銀は公的機関であるから政府とバランスシートを合体させてしまえば、政府の負債（国債）と日銀の資産（国債）が相殺されるため、負債超過の問題は重要ではないと説く人もいる。

いわゆる統合バランスシート論と呼ばれるものであるが、これこそ「財政ファイナンス」そのものである。その先にあるのは政府に対する信認の低下であり、それは通貨である円に対する信認の低下にほかならない。統合バランスシート論を信奉する人々にはこの視点が欠けているか、ないしは意図的に無視している傾向があるように思われる。

†身動きが取れない日銀

日本の財政は日銀による金融緩和で何とか維持されている。ただその頼みの綱も、近く限界を迎えるだろう。日銀は14年10月にQQEを拡大した際に、マネタリーベース（日銀の負債のうち現金と預金の合計）の増加目標を年間80兆円に定めた。

マネタリーベースを拡大するということは、国債をそれに相当するだけ購入することと同じ意味だ。しかしながら、これまでの金融緩和の結果、市場で流通する国債が減少し、年間80兆円という目標を実現できなくなったのだ。

16年1月、デフレ脱却を目指す日銀は、金融機関が保有する日銀当座預金の一部（政策金利残高）に▲0・1％のマイナス金利を適用するマイナス金利付きQQEを導入することで、金融緩和の強化を試みた。その結果、日本の長期金利が史上初となるマイナス圏に低下し、金融機関の収益が顕著に悪化するという新たな問題に直面した。

同年9月には、マイナス金利付きQQEを修正し、新たに長期金利の誘導（今までマイナスで推移していた長期金利を0％で推移するように誘導する金融緩和政策）も視野に入れた長短金利操作付きQQEを導入した。もっとも一連の流れのなかで日銀のマネタリーベース（図6－6①）の増加テンポは徐々に鈍化しており、国債の購入に関して言えば、ステルス・テーパリング（金融緩和が隠れた形で縮小していること）が進んでいるとも言える。

バブル崩壊以降、日本は金融緩和のフロントランナーとなっている。政策金利の引き下げを通じた金融緩和が限界に達した後、国債を直接購入して長期金利を引き下げる量的緩和を世界に先駆けて導入した。マイナス金利政策に関しては主要国の中銀ではECBに先を越されたが、現在では長期金利も誘導目標に掲げるという奇策を用いている。

それ以外にも、本来、中銀が購入するべきではない株式や不動産の信託商品も購入することで金融緩和を試みている。文字通り「あの手この手」を使ってきた日銀であるが、その結果、金融緩和を強化する手段がほぼ尽きてしまったわけだ。本来なら、これは非常に深刻な事態である。

本来、中銀の金融政策は景気が良ければ引き締められる。景気のオーバーヒートを防ぐとともに、景気が悪くなったときに緩和ができるよう「のりしろ」を作るためだ。しかし現在の日本では、金融緩和が政府の借金を支えているため、日銀は景気が良い局面でも金融政策を引き締めることができない。金利を引き上げてしまった瞬間、政府の利払いが膨らんでしまうからである。

また中銀の本来の大きな責務として、金融市場の安定に努めるということがある。金融危機が生じた際、中銀は金

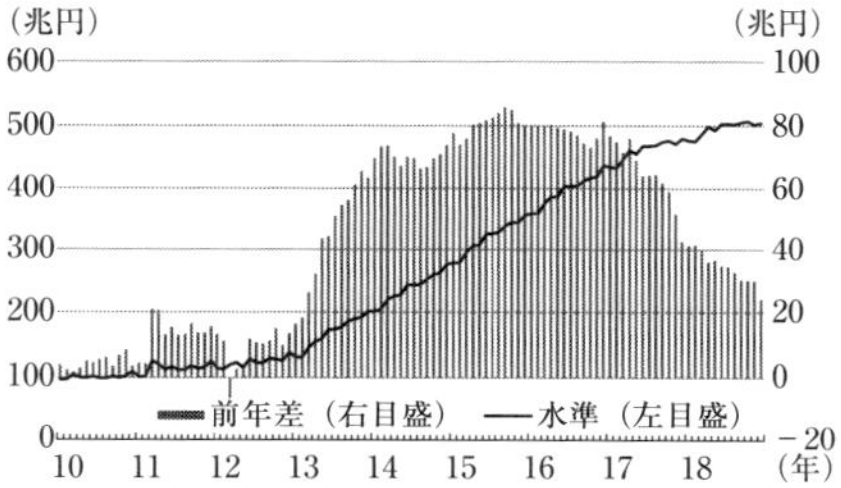

図6－6① 日本銀行のマネタリーベース
(出所) 日本銀行

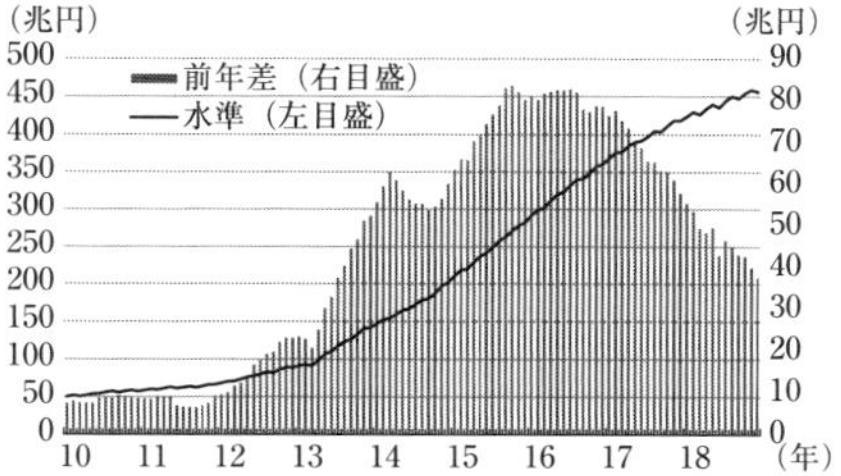

図6－6② 日本銀行が購入する国債
(出所) 日本銀行

融緩和によって金融機関や企業の資金繰りを支え、金融不安を和らげることができる。ただ「あの手この手」を使ってそれに努めてきた日銀が、次に金融危機期に直面した際に有効な手立てを採ることができるか疑わしい。

黒田総裁誕生後の日銀は、安倍政権と歩調を合わせてデフレ脱却を目指し、QQEなどを用いて金融緩和のアクセルを踏み込んだが、未だにデフレ脱却を果たすことはできていない。それればかりか、黒田日銀総裁による金融緩和路線は、実態として金融政策を「財政ファイナンス」の領域に踏み込ませただけだった。

先進国で最悪の財政を支える観点から見ると、日銀の金融政策を緩和から引き締めに転じることは困難だが、緩和のテンポを減速させることはできる。早々に手を打たないと、次に日本が深刻な景気後退や金融危機に陥った際に、そのショックを和らげることが全くできなくなってしまう。

そもそも中銀である日銀には、いわゆる「通貨の番人」として通貨の安定に資する責務もある。「財政ファイナンス」に終始することは、本来通貨の信認の低下につながるためタブーのはずだ。この論点が「円高性悪説」と合わさり、あまりに軽んじられているのではないだろうか。

構造が変化する民間の黒字

政府は巨額の赤字（貯蓄不足）を抱えているものの、民間がそれ以上の黒字（貯蓄超過）であるため、日本の経常収支は黒字を維持している。民間とは家計と企業を意味するが、その構造も着実に変化しており、今後いつまで日本円の信認をサポートできるか定かではない。

家計は長らく貯蓄超過の状態にあったが、少子高齢化の進行に伴い貯蓄も減少していくと予想される。貯蓄を積み上げる勤労世帯が減少する一方で、切り崩す無職世帯が増加するためである。内閣府によると、最新平成30（2018）年度の家計貯蓄率は3・2％であり、バブル崩壊直後の平成6（1994）年度（12・9％）と比べると低下が著しい。

家計貯蓄率は2013年に一度マイナス（▲0・6％）となっている。消費増税前の駆け込み需要や、円安に伴う輸入物価の上昇といった特殊要因がその理由とされているが、それだけですぐ赤字に転落するほど、既に家計の貯蓄は少なくなっている。少子高齢化が進むことで、今後この傾向はより強くなるはずだ。

家計貯蓄率を上昇させるためには、所得を増やすか消費を減らす必要がある。ただ経済

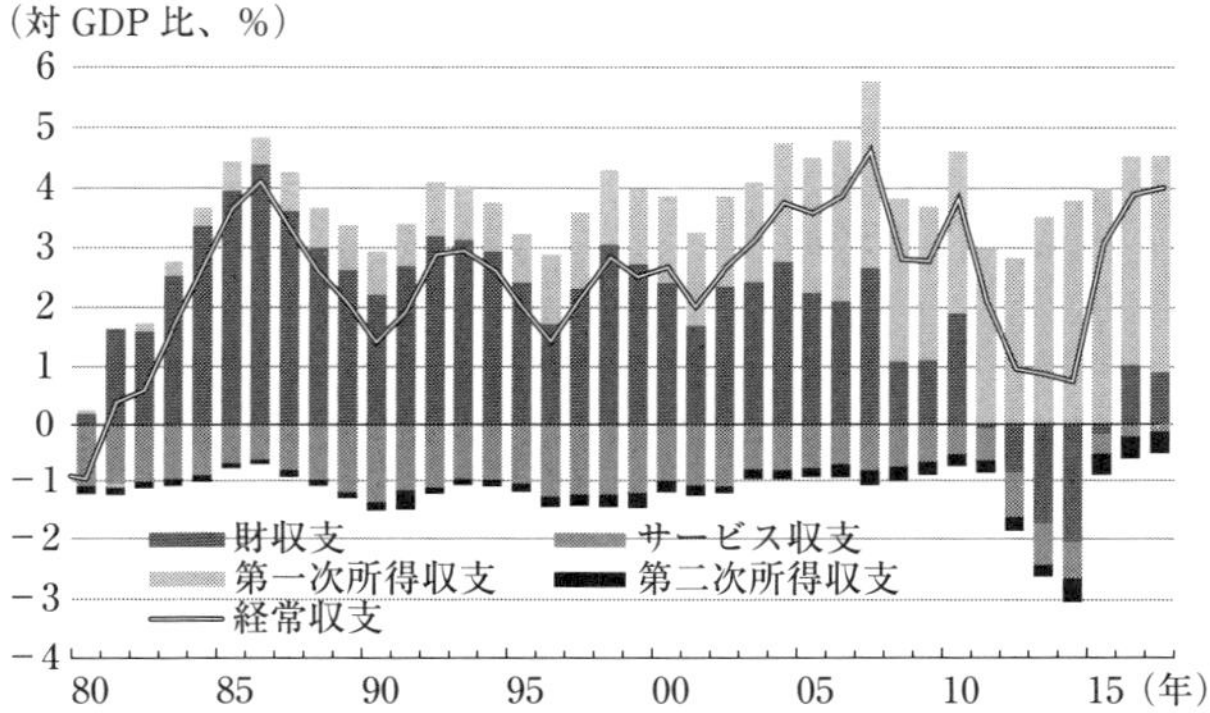

図6－7　日本の経常収支
（注）95年以前は第５版ベース（所得収支を第一次所得収支としている）
（出所）国際通貨基金（IMF）、世界銀行

成長率が低い現状、所得の伸びは鈍くならざるを得ない。また消費を減らすことも容易ではない。貯蓄を切り崩すテンポを遅らせるという観点で言うと、現実的な手段の一つが、高齢者の労働参加を促すことだ。ただそのことで若者から雇用の機会が失われてしまうというリスクもある。

他方で、企業においては、将来的に貯蓄超過は続くと予想されるものの、その構造は過去に比べると大分変わってきている。図６－７は日本の経常収支の推移を見たものである。かつて日本は貿易収支の黒字が経常収支の黒字を支えていたが、近年は所得収支（正しくは第一次所得収支）の黒字が経常収支の黒字を支えていることが分かるだろう。

1980年代の日本は巨額の貿易黒字を抱えていたことから、米国との間で通商摩擦が生じていた。本章の第1節（円高性悪説の背景）で述べたように、日系企業は米国との摩擦を回避するために米国での現地生産を進めたのである。その後90年代に入ると、円高による競争力の低下を解消する目的で、生産拠点の海外展開を進めるようになった。

日系企業による進出先の企業の買収も急増した。その結果、日本は「貿易立国」から「投資立国」に転じ、貿易収支よりも所得収支の黒字が経常収支の黒字を支える原動力になったのである。この構造的な変化によって、経常収支の黒字が持つ円高圧力が弱くなった可能性が官民のエコノミストの間で盛んに議論されている。

貿易で得た利益は必ず外貨から円に交換される。一方、投資によって得た収益は外貨から円に交換されるとは限らない。外国での投資で得た収益は、日本に還流せずにそのまま外国で再投資されることが多いためだ。所得収支への依存度を高めたため、経常収支の黒字が持つ円高圧力が弱まったということである。

この仮説に則れば、これまで企業が有していた日本円の信認をサポートする力が弱まっていることになる。円高リスクを嫌った企業が海外に進出した結果、日本円の信認を支える力が失われるという事態が生じたわけだ。企業の貯蓄超過は盤石でも、その構造の変化を通貨の信認の観点から問い直す必要があると言えよう。

国内で貯蓄が不足するなら海外の貯蓄を動員すればいいと考える人もいるだろう。その場合こそ、返済の負担を考えれば円高の方が望ましい。借り入れた後で円安が進めば返済の負担はその分だけ重くなるためである。通貨の信認に重きを置いて経済政策の在り方を問い直す時期が日本でも既に訪れているのだ。

3　日本経済とドル化

以上で述べたように、日本円を取り巻く環境は着実に変化している。それでは実際に日本円が暴落し、非公式なドル化が進んだ場合に、日本経済にはどのような悪影響が生じるのだろうか。この節で簡単に議論してみたい。

†円はどこまで暴落するのか

政府の信認が失われたとき、為替レートは暴落する。そのタイミングは、ヘッジファンドなどの機関投資家が日銀による金融緩和を完全に「財政ファイナンス」であると認識し、日本円の為替レートが経済の実勢に比べて割高であると判断したときだろう。その瞬間、投資家は外為市場で円に対して投機的な売りを浴びせる。

政府と日銀は円の暴落に際して市場介入を行い、投資家による売り圧力に抵抗するが、介入の原資になる外貨準備が枯渇すれば市場介入も不可能になる。一方で、利上げを行って為替レートの下落に対抗することはまずできない。利上げによって日銀の財務体質が悪化し、さらに政府の利払い費が急増するためだ。

専門的な話となるが、利上げを行えば日銀が保有している国債の価値が下落する。その一方で、日銀が当座預金に対して支払う利払い金も増加する。日銀が巨額の損失を被れば政府がそれを補填しなければならない。加えて政府の財政は、利払い費が急増してさらなる悪化を余儀なくされる。

こうした事態は、政策金利をわずか0・1%引き上げるだけでも生じてしまう。その程度の利上げすらできないとなると、通貨を防衛する観点から利上げを行うことなど事実上不可能だ。投機的な円安圧力に対抗できる手段は為替介入だけとなるが、それにも限界があるため、政府と日銀は円の暴落を容認せざるを得なくなるのだ。

予め円の暴落を予見できた人々は、インターネット取引を通じて円預金を外貨預金に転じることで、資産を防衛することができるだろう。FX取引を行う人々は、円安を前提とした空売りを仕掛けることで利ザヤを得るかもしれない。ただそうした波に乗り遅れた人々は、為替レートの下落を文字通り「指を咥えて」見ていることになる。

問題は、為替レートがどこまで下落するか誰もわからないことだ。相場が反発に転じても、その後も不安定な状況が続くに違いない。日本円から外貨への交換は、ITや金融の技術が発達したことで、かつてに比べると非常に容易に行えるようになった。プログラム取引と呼ばれる自動的な為替取引の量も多くなっているため、一度投機的な円安の流れができるとそれがどこまで増幅するのかわからないというのが実情だ。

非公式なドル化を防止する観点から、政府は預金封鎖を実施したり、外貨への交換を制限したりするかもしれない。しかしこうした規制を実施すれば、人々の政府や銀行に対する信頼感（コンフィデンス）が失われることになる。なおさら円安やドル化を促す悪循環に陥りかねない。

そもそもそうした規制を導入したところで、日本で外貨が交換できなくなるわけではない。経済活動の自由が厳しく制限されている北朝鮮でさえ外貨は出回っており、貯蓄の手段として利用されていると言われている。貿易や人の往来といった対外的な経済取引が行われる以上、外貨は必ず日本国内で出回ることになる。

下手に規制を導入すると、アルゼンチンのように為替の闇市場が形成され、二重レートの状態になる恐れがある。公定レートと闇レートの間で数十円の差が生じるようになれば、裁定取引（アービトラージ）の圧力が生じてなおさら円相場は下落する恐れがある。規制の導入は決して解決策にはならないばかりか、混乱に拍車をかけると言っていい。

一度にここまで事態が悪化するかもわからない。ある程度までの円暴落とドル化で、いったん歯止めがかかる可能性は十分考えられる。ただその背後にある財政の問題は全く改善していない。そのため、また何かのきっかけでリスク志向が強まれば、円が再び暴落してドル化が進む事態になりかねない。

インフレ課税とドル化

円が暴落した場合、物価が急上昇し、年数十％を超えるような高インフレに陥ることも考えられるだろう。そのとき、円の価値が暴落する一方で、財政の健全化も進むことが予想される。

具体的に例を挙げると、日本政府の借金が１０００兆円、日本のＧＤＰが５００兆円であるとする。この場合、公的債務残高の対GDP比率は200%になる。ただここでGDPが倍の1000兆円になれば、公的債務残高の対GDP比率は100%に低下し、財政の健全化が進む。だが問題は、GDPを倍にする方法だ。

ここで言うGDPは実質(数量)ではなく、名目(価格)である。実質GDPは名目GDPから物価(GDPデフレーター)の影響を除して求められる。つまり名目GDPが500兆円であり、GDPデフレーターが1であれば、実質GDPも500兆円(実質価格)となる。名目GDPを1000兆円にしたいなら、物価か数量を変える必要がある。

ここで実質GDPを500兆円(実質価格)とし、GDPデフレーターが2になれば名目GDPは1000兆円となる。このとき、物価上昇率は200%になるが、物価が二倍となったことで資産の価値は半分に落ち込んでしまう。政府の財政は改善しても、その分、企業や家計といった民間の資産は半分に目減りするわけだ。

つまり民間から政府に所得移転が行われ、実質的に課税がなされたことと同じことになる。そのためこの政策は「インフレ課税」と呼ばれる。日本もかつて、戦後にインフレ課税を行ったことがある。戦後GDPの2倍以上に膨らんだ公的債務残高を、その後のハイパーインフレで文字通り掻き消すことに成功した(図6-8)。

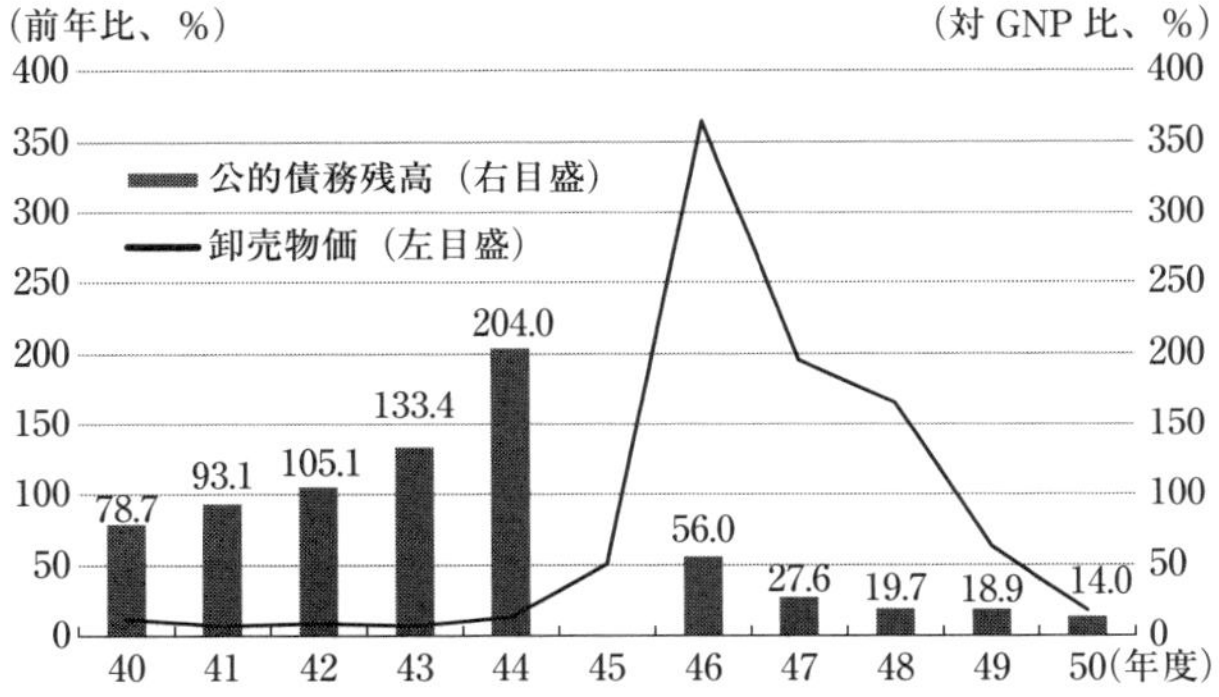

図 6－8　戦前戦後の日本財政とハイパーインフレ
（注）卸売物価は戦前基準、1945年度のＧＮＰは戦争の影響により欠損している
（出所）大蔵省財政史室編『昭和財政史』第19巻

正確にはインフレだけではなく、銀行預金を封鎖した上で最大で90%にも及ぶ財産税を課し、かなりの金額の資産を人々から吸い取っている。同時に新紙幣への切り替えも強行し、旧紙幣を利用できなくすることでタンス預金も徴収した。政府の借金を国民に押し付けることで、日本の政府は財政破綻を回避したのである。

当時は戦後ということもあり、その混乱のどさくさに紛れて政府はインフレ課税を敢行することができた。日本円を外貨や金（ゴールド）に交換する機会がかなり制限されていた点も、インフレ課税による財政再建を可能にした。繰り返すが、その結果、国民の資産は不動産などの現物を除いてほとんど接収されることになった。

インフレ課税は用意周到に行われる。特に預金封鎖と新紙幣への切り替えは秘密裏のうちに準備が整えられる。故にインフレ課税に対抗する目的で外貨を購入する、それも現金で手持ちで保有することは有効な手段だと言える。タンス預金という形で保有していれば、隠し持つ限り課税を逃れることができるためだ。

円が暴落すれば、意図せざる形でインフレ課税が行われてしまう。財政の改善を目指すなら、政府は円の暴落を容認するかもしれない。その一方で財産の目減りを防ぎたい人々は、米ドルなどの外貨を手持ちで保有するだろう。

政府がインフレ課税を行うために意図的に円の暴落を容認するなら、それこそ人々は政府に対する信認を失うことになる。そして非公式なドル化が進み、貯蓄手段が円から外貨に本格的にシフトするかもしれない。その後も円の下落に歯止めがかからなければ、日々の決済も米ドルで行われるようになりかねない。

これは最悪のケースだ。ただ先進国で最悪の財政を抱える日本にとって、通貨を防衛するために利上げを行うことは容易でない。防衛手段を持たない日本円がどこまで下落するかは誰にも分からない。繰り返しとなるが、こうした危機が生じる一歩手前であるにもかかわらず、円の信認という観点が現在の経済運営では軽視され過ぎてはいないだろうか。

†政府と民間を引き裂くドル化

非公式なドル化は、その国の政府が信認を失い、そして通貨の信認が低下した結果生じる経済現象だ。その意味で経済活動のアウトプットでもあるが、同時に次の経済活動のインプットにもなる。トルコやアルゼンチンの例が物語るように様々な経路から経済の運営を難しくし、経済の発展を制約する。

そして、何かのタイミングで、再び通貨危機を引き起こす。それがさらなるドル化というアウトプットをもたらし、さらに将来の経済の発展を妨げるインプットになる。正にドル化は、負のスパイラルそのものだ。一度陥ると、抜け出すことが困難であるばかりか、まず不可能である。それがドル化という経済現象だ。

そして非公式なドル化は、政府と民間を引き裂くプロセスでもある。通貨は経済活動を行う上でのインフラそのものだが、そのインフラを提供する政府が信用できないなら、企業や家計は別のインフラ、つまり外貨を自ら利用して、円に依存しない経済活動を営むことになる。こうして政府と民間は引き裂かれてしまうのである。

政府と民間が引き裂かれると経済はどうなるのだろうか。政府に対する信認がないため、人々の脱税行為が横行する。国債も信用力がないため発行することができない。財政にゆとりがない政府は、公共サービスを提供することができない。具体的には、ごみが回収されなくなるし、治安も悪化する。交通インフラも修繕ができず劣化が進む。

非公式なドル化が進んでいる国の経済は、そうしたスパイラルのなかにある。ではいっそ、日本も公式的なドル化に踏み込んでしまえばいいという極論もあり得る。米国が認めなくても、一方的にドルを法定通貨に採用することは可能だ。それも一つの解かもしれないが、ただそれは日本で非公式なドル化がかなり進んだ後の議論になる。そのときまでに、政府と民間の関係は確実に引き裂かれているはずだ。

本来、円の信認を保つことは日本経済にとって極めて重要なことだ。にもかかわらず、日本ではそういった議論は盛り上がらない。正確に言えば、政府や日銀は財政を維持するために金融緩和を強化し続けているが、その深刻な副作用として円の信認が問われる危険性があることを、国民に対して十分説明していない。

それどころか、円高は悪いものだという思い込み（円高性悪説）が支配的でさえある。しかし生産拠点の海外移転が進み、貿易立国から投資立国に変貌した現在では、かつてのように円高が景気へダイレクトに悪影響を与えるようなことはない。むしろ少子高齢化が進むなかでは、いかに円高気味に相場を誘導できるかが重要なはずだ。

財政の破綻を防ぐためには、円相場のある程度の下落は容認せざるを得ないのかもしれない。ただそうしたインフレ課税を行うことの是非について国民に対して全く説明がなく、それをなし崩し的に行うことは、まさに財産権の侵害であり、その後の政府と国民の間の関係にも深い亀裂をもたらすことになるだろう。

果たして、円が暴落するリスクを抱えながら、そしてその先にドル化という非常に厄介な事態が生じるリスクを抱えながら、膨れ上がった政府の借金を金融緩和で消化するこの「財政ファイナンス」を続けるべきなのだろうか。むしろ円の信認という観点から、現在の日本で行われている経済運営の在り方を見直すべきではないだろうか。

終　章

見直されるべき日本の経済運営

——再び通貨の安定が問われる時代へ

日本銀行本店

本書は、歴史的な米ドル高の裏で新興国を中心に生じた通貨下落とドル化の問題に関して、トルコやアルゼンチンの事例を中心に、多面的な観点から検討してきた。ドル化は度重なる通貨危機を経験した経済が苛まれる現象であるが、一度そのトラップに陥ると抜け出すのが容易ではないことが確認できたはずだ。

日本は現在、先進国で最悪の財政を抱えており、日銀による非常に強力な金融緩和でそれを何とか維持している。ただこのスキームは、本来なら通貨危機につながる「財政ファイナンス」に限りなく近い性格を持っている。繰り返しとなるが政府の財政状況を考えた場合、日本円の信認はかなり危うい状態にある。

少子高齢化の進展や投資立国への変貌といった変化を抱えている現在、民間の貯蓄が日本円の信認をいつまでサポートできるか定かではなくなっている。日本でも通貨危機が生じる条件は整いつつあるわけだ。そして実際に通貨が暴落すれば、日本もまたドル化のトラップに陥ってしまう恐れは大きい。

1　非常に脆い通貨の信認

†なぜ人々は通貨に価値を見出すのか

本書が一貫して主張してきたように、通貨は信認を失うと暴落する。もっとも日本の場合、政府が巨額の債務を抱えているため、通貨防衛を目的とした利上げは事実上不可能だ。そのため、信認を失った円がどこまで暴落するか定かではない。予想もしないテンポでいっきにドル化が進んでしまう展開すら考えられるわけだ。

ところで、通貨の信認とは、いったい何なのだろうか。なぜ政府の財政が健全であると通貨の信認は維持されるのだろうか。なぜ通貨が、紙幣が、そして仮想通貨や電子マネーが利用者の信認を持つのか。極めてシンプルであるが、これは非常に深く本質的な問いだ。終章ではこの問題について、簡単に考えてみたい。

通貨には価値尺度、交換、価値貯蔵という三つの機能がある。その機能に優れていると人々が評価する通貨は、高い信認を持っていると判断される。戦後一貫してその頂点に君臨してきたのが米ドルだ。覇権国である米国が発行する米ドルは、世界の基軸通貨として最も強い信用力を持っている。

東西冷戦期は米国のライバルであるソ連の通貨ルーブルが、東側諸国の国際決済通貨として機能していた（正しくは振替ルーブル）。ただ東側諸国も、西側諸国との貿易では米ドルでの決済を余儀なくされており、借款や支援もドル建てで行われていた。米ドルの覇権は国際政治的な対立さえ乗り越えることができたということだ。

かつて米ドルは金（ゴールド）との交換が保証されていたが、ブレトン・ウッズ協定の撤廃（1971年8月）以降はそれが停止されている。それ以降、米ドルは金との交換が保証されておらず、ただの硬貨であり紙幣に過ぎない。にもかかわらず米ドルが信認されているのは、世界中の人々が米国を覇権国として暗黙のうちに承認しているからにほかならない。

たとえ金との交換が保証されていたとしても、そもそも金がなぜ信用力を持っているのか、この答えは簡単には導き出せないだろう。金の特徴である希少性や安定性を持つ貴金属はほかにも存在する。改めて問い直すと、金でなくてはならない理由を見つけ出すのは思いのほか困難なことに気づく。

事実、国際決済通貨として銀が好まれた時代もある。明代の中国を中心とするアジアがその典型だ。一方ヨーロッパでも、かつては金と併せて銀が国際決済通貨として用いられていたが、南米などから輸入される銀の量が増えたことから価値が下落したため、金がメインで使われるようになった。

ヨーロッパとアジアでは金と銀の交換レートが異なっていたこともよく知られている。つまりアジアではヨーロッパよりも銀の価値が高かったため、ヨーロッパから多額の銀が持ち込まれ、割安なレートで金に交換されるという裁定取引が発生したのである。その結果、アジアもヨーロッパ基準の金本位制に取り込まれることになった。

現在の米ドルの信認は、金を国際決済の手段とする金本位制の延長にある。ただかつて米ドルの信認を裏打ちしていた金の信用力でさえ、人々の心理に根差したものでしかない。まして金の裏打ちがない通貨の信認となれば、それがかなり危ういバランスの上で成り立っていることは簡単に想像がつくだろう。

そうであるからこそ、通貨を発行する国の政策運営は健全に行われなければならない。世界の覇権国である米国が発行する米ドルでさえ、既に金の裏打ちはない。そのため、基軸通貨である米ドルの信認でさえ、何かのきっかけで揺らぐことがあるかもしれない。

日本が発行する日本円の信認は、米ドルとは本来比べ物にならないほど脆いはずだ。日本に求められることは本来、日本円の信認を維持することにある。少なくともいたずらな円安誘導ではないはずだ。

†なぜ中銀が通貨を発行するのか

そもそも論になるが、なぜ政府ではなく中銀が通貨を発行するのだろうか。日本では日銀が紙幣（日銀券）を発行し、政府は補助硬貨を発行する形式が採られている。これは歴史的な知恵と工夫の産物だ。かつては国家が通貨を発行していたが、これは金など具体的な資産との間で裏打ちがないものであり、国家の信用力だけで発行される通貨であった。

問題は、国家の信用力というものが著しく不安定であったことだ。中世以来、権力者が奢侈に浸るために、あるいは度重なる戦争で軍事費を調達するために、国家は紙幣や貨幣の発行を乱発した。そのために紙幣や貨幣の価値は常に不安定であり、高インフレが常態化していたのである。

人々は時の権力が発行した紙幣や貨幣で蓄財に励むよりも、貴金属で資産を形成していった。現在ではその手段が米ドルとなるわけだが、こうした通貨代替という現象は、非常に歴史的な文脈で続いてきたものでもある。人々が時の権力を信認し、その下で発行される紙幣や通貨で資産を形成するようになったのは、人間の歴史のなかでまだ日が浅い。

通貨の安定は経済発展の必要条件であるが、そのための知恵として、政府ではなく、中銀が通貨を発行する形式が採られるようになったわけだ。中銀は保有する金融資産を基に、一定のルールの下で通貨を発行する。具体的には、内外の国債や金などがそうした金融資産だ。その信認を裏打ちとして通貨を発行するのである。

ここで中銀が政府の発行する国債を無制限に引き受けたりしなければ、通貨の発行（供給）は需要に応じた量にとどまる。国家や政府から分離された発券機能を引き継ぎ、一歩離れた形で健全な通貨の運営を行う主体が中銀だ。ただ中銀も政府に準じた組織であり、それ故に政府による圧力を受けやすい組織でもある。

そのため、財政赤字を中銀が補填する（政府が発行した国債を中銀が直接引き受ける）「財政ファイナンス」が行われがちとなる。中銀の独立性という言葉が強調される理由はここにある。世界金融危機のような異常な事態が起きない限り、通貨の運営は政府から距離を置かなくてはならないのである。

財政法第5条で日銀による国債の直接引き受けが禁じられ、日銀法第3条で日銀の独立性が保障されているのはこうした理由のためだ。景気対策の観点から、日銀に国債を引き受けさせるばかりでなく、政府が紙幣の発行まで行えば良いという論者もいるが、そのようなことが起きればインフレが加速し、円も暴落することは免れない。

リスクはあくまで可能性であり、杞憂に終わるならば問題がないという論者もいる。ただそのような実験めいたことが、人々に何の説明もなく行われて良いのだろうか。偏狂的な医師が何の説明もなく患者に実験医療を行うようなことが倫理的に許されて良いわけないだろう。

今や日銀の独立性は大いに傷つき、金融政策は「財政ファイナンス」に限りなく近いスキームになっている。図終-1で示したように、アベノミクスの下で行われた黒田日銀のQQE（量的・質的金融緩和）によって、日銀は国債の最大の保有者となってしまった。これはまさに異様な状況である。

こうした枠組みが持続不可能になったとき、円の価値は必ず暴落する。そして、その先には非公式なドル化という世界が待っている。ドル化に陥った経済が様々な苦境に直面することは本書が述べたとおりだ。日本がトルコやアルゼンチンのような事態に陥る可能性は誰にも否定できない。

それでは一体どうすればよいのだろうか。少なくとも、日銀にいたずらに国債を引き受けさせるような現政府のスタンスは改めるべきだ。確かに、政府が抱える膨大な債務を破綻させるわけにもいかないので、日銀の金融政策運営がいきなり正常化することは困難で

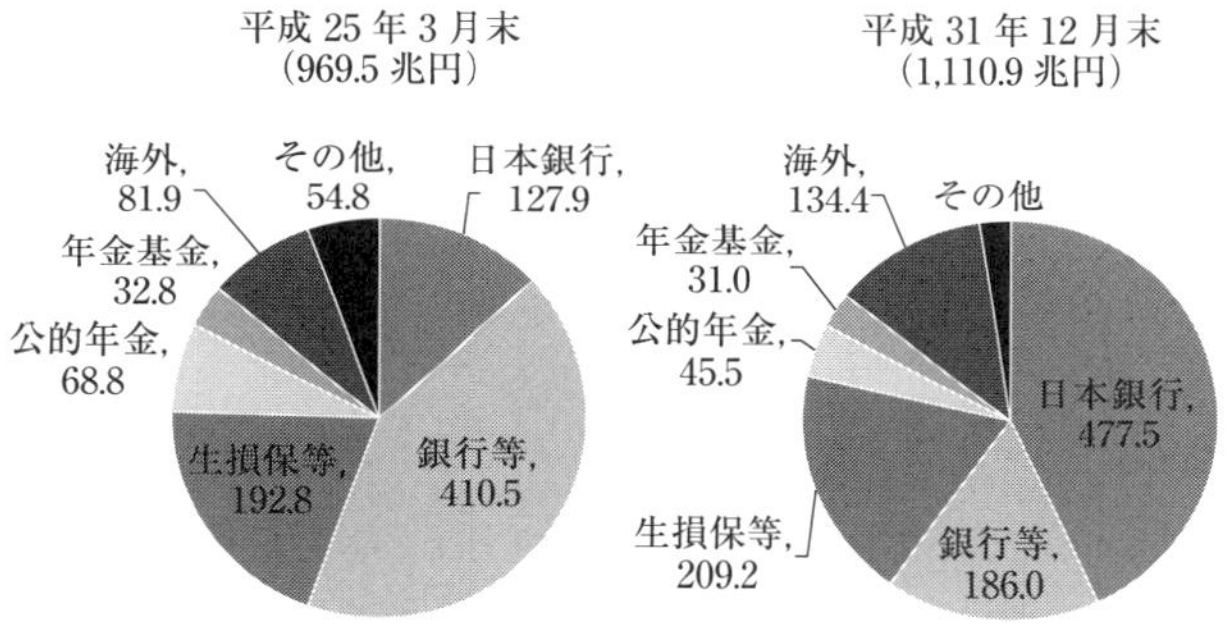

図終－1　国債の保有主体の変化
（出所）日本銀行「資金循環統計」

ある。とはいえ正常化に向けた取り組みを、少しずつでもよいから着実に行うことが重要になってくる。

†政府紙幣を誰が信用するのか

日本では一部の経済学者や官僚、政治家を中心に、デフレ対策や景気対策の一環として政府紙幣を発行しようという構想がある。日本経済が深刻な不良債権問題に苛まれていた2000年前後に盛り上がった議論であり、最近でもデフレ対策や景気対策の観点からその可能性を模索する動きがある。

ベン・バーナンキ元FRB議長やジョセフ・スティグリッツ米コロンビア大学教授らが主張する「ヘリコプターマネー政策」（政府が元利払いの必要がない国債などを中銀に引き受けさせ、代わりに受け取った現金を国民にばら撒く政策）も、政府紙幣の発行を一手段として位置付けたものである。

政府紙幣を発行すると二つのベネフィットがあるとされる。一つが財政面の効果で、多額の通貨発行益（シニョリッジ）が発生すると見込まれるため、それが財政の改善につながるというものだ。政府紙幣の場合、発行のためのコストと額面との間で生じるシニョリッジが必ず政府の収入になる。

つまり一万円札の原価は20円程度であるから、政府が一万円札を刷るたびに額面との差額である９９８０円が国庫に納付される。日本の場合、政府の借金に相当する公的債務残高が１０００兆円以上存在する。これを半分に圧縮させるためには、極端な話、政府紙幣を５００兆円ほど発行し、それが利用されれば良いわけだ。何とも夢のような話である。

政府の借金が減少することで、民間の経済が活発化するかもしれない。それまで政府の借金を支えるために費やされていた資金が民間の経済に還流すると見込まれるからだ（クラウディング・イン）。設備投資や建設投資に資金が向かい、好景気が演出されるというロジックである。

もう一つのベネフィットは金融面の効果で、政府紙幣を発行することで通貨供給量（マネーサプライ）が増えるため、それが金融緩和の効果を持つというものだ。金融緩和によって金利が下がれば景気が刺激されるが、政府紙幣の発行の規模次第では、日銀の金融緩和をはるかにしのぐ強力な緩和が実現できる。

政府紙幣のメリットは、その紙幣が信認されることを前提としている。政府の借金が雪だるま式に増えても無関心な人々が多いように、日本人は自国の経済問題に対して良くも悪くも感度が鈍い。そのため政府紙幣が発行されても、人々は日銀券と同様にそれを信認し、国内で普通に使用されるかもしれない。

現在は財務省（正しくは財務省管轄の独立行政法人である造幣局）が補助貨幣である硬貨を発行しているが、それはあくまで国庫が持つ預金に裏打ちされており、乱発される事態は防がれている。だが政府紙幣は裏打ちされた価値を持たない。つまり裏打ちがない紙幣が無尽蔵に乱発されるリスクがあるわけだ。

もっとも日本人の目は騙せても、海外の投資家の目は騙せない。政府紙幣を発行するような異例の事態に陥った場合、外国為替市場での円の価値は必ず下落する。例えば1ドル100円程度から200円、300円と下落し、強烈な円安になって初めて、日本の多くの人々が政府紙幣に対する信認を失うのかもしれない。

その段階では当然、日銀券への信認も低下しているはずだ。通貨暴落による輸入インフレ圧力と、大量の通貨供給によるインフレ圧力が相まって、日本はハイパーインフレに陥る可能性もある。そうなればもう、人々は円以外の金融資産で資産防衛を図るしかなくなる。つまり、政府紙幣の行き着く先はドル化した世界にほかならないのだ。

そもそもこの政策は持続可能性がない。一度実行したら最後、人々は政府に対して強い不信感を持つことになるからだ。そして人々が政府に対して一度不信感を募らせれば、それを拭い去ることは非常に難しい。政府自らが、政府と民間を引き裂くプロセスに足を踏み込むことになる。これは暴挙であり愚行そのものといっていいだろう。

2 通貨の信認を保つために

†世界的に進む政府と中銀の一体化

2008年秋に生じた世界金融危機を受けて、主要国では経済対策として、財政拡大と金融緩和というポリシーミックスが強化された。結果多かれ少なかれ、政府と中銀が一体化してしまっている。日銀のみならず、主要国の中央銀行はその独立性を失っているとも表現できる。

米国の中銀であるＦＲＢ（連邦準備制度理事会）は、長期にわたって政策金利（ＦＦレート）を０・００〜０・２５％の低位に据え置き、三度の量的緩和（ＱＥ）政策を行った。その結果、ＦＲＢのバランスシートは危機前の９０００億ドルから、五倍の４・５兆ドルにまで膨らんだ。

ＦＲＢは２０１５年12月に利上げを、また17年10月からバランスシートの縮小を開始し、金融政策の正常化を進めた。だが17年1月に就任したトランプ大統領が、景気対策の観点からＦＲＢの金融政策運営に対して公然と介入を行ったため、ＦＲＢはこの圧力に屈する形で利上げやバランスシートの縮小を停止してしまった。

ＥＵの中銀であるＥＣＢ（欧州中央銀行）の金融政策運営も、政治の影響をかなり受けている。ＥＣＢは従来、加盟国の消費者物価を加重平均したＨＩＣＰという指標を用いて、物価の安定を達成するための金融政策を営んでいた。ただ欧州債務危機の発生を受けて、各国の信用格差に配慮した政策運営を行わざるを得なくなっている。

本書でも述べたように、ユーロ圏では財政が一元化されておらず、その運営は各国の責任に基づいて行われている。ただＥＣＢは、ギリシャなど重債務国の国債の金利を安定化させるために、金融緩和を局面に応じて強化し続けてきた。これは本来、金融政策が担うべきではないとされる「所得の再配分」に相当するものだ。

ＦＲＢはゼロ金利を解除することができたが、ＥＣＢはできていない。従来、早ければ19年秋に利上げを行うというアナウンスをしていたＥＣＢだが、欧州景気の減速を受けて、２０２０年半ばまで（19年6月時点）金利を据え置くと金融緩和の時間軸を延ばした。加えて米国が19年7月に利下げを行ったことで、ＥＣＢの利上げも展望が描けなくなった。

英国のケースもまた同様だ。英国の中央銀行であるイングランド銀行（ＢＯＥ）も量的緩和を行い、低金利政策を強化した。しかし、景気が復調し、その脱却を目指そうとした矢先にＥＵ離脱問題が浮上したためだ。その不確実性が非常に強いために、ＢＯＥは金融政策の正常化を進めることができない。

このように、程度の差はあるものの、米欧の中銀の金融政策も政府の影響を色濃く受け始めている。ないしは政治の要請を汲み取らざるを得なくなっている。ジャパナイゼーション（日本化）という言葉が世界でキーワードになっているが、その意味では米欧の金融政策運営においてもジャパナイゼーションが進んでいると言えなくもない。

ジャパナイゼーションは、世界経済の新たな段階なのかもしれない。だからといって、今の日本の経済運営の在り方を正当化して良いわけではない。相対的にも絶対的にも、政府の財政を最優先せざるを得ないという経済運営の在り方は本来なら異様だ。それが崩壊すれば壮絶な円安が生じ、人々の生活はいっきに苦しくなってしまう。

危機のリスクがあるならば、そのリスクに対してマネジメントを試みることが必要になる。トルコやアルゼンチンといった度重なる通貨危機とドル化の連鎖に苛まれている国は、政府や中銀がそうしたマネジメントに失敗した経済、ないしは放棄した経済だ。日本もそのようになってしまっていいのだろうか。

通貨の信認を保つためには国内問題への対処が必要不可欠になる。特に日本の場合は、弛緩しきった財政の拡大に歯止めをかけることが急務だ。公的債務の圧縮にも取り組まなければならない。その結果、景気低迷がさらに長期化したとしても、経済そのものがパンクしてしまうよりはまだ良い。

†再び通貨の安定が問われる時代に

2008年秋の世界金融危機を受けて、主要国を中心に過去に類を見ない規模で金融緩和が強化され、同時に通貨安政策（通貨安によって輸出増を促すこと）が強化された。その際に日本円は、大規模な量的緩和を通じて下落した米ドルやユーロの受け皿となったため、為替レートが急速に上昇した。

その後、日本円は1ドル80円台の円高が定着するが、安倍首相の就任（2012年12月）や黒田日銀総裁の誕生（13年3月）、そしてアベノミクス（両者によるデフレ脱却を目的とした大規模な財政出動と金融緩和）を通じて円安方向に転じ、一時125円台まで下落した。その後のドル円レートは1ドル110円前後で落ち着いている。

もっとも、アベノミクスによって円安がどれだけ進んだか実は疑わしい。為替相場には平均回帰性（長期的な平均水準から乖離した為替レートが、長期的な平均レートの方向に回帰すること）という性質がある。サイクル的に、円高が数年続けば、あるきっかけを受けて為替レートは円安方向に転じるものだ。

金融危機後に、日米欧で唯一為替レートが上昇した国である日本がババをつかまされた側面は確かにある。その意味で、安倍政権が円安誘導を図ろうとしたこと自体は必ずしも責められるべきではないのかもしれない。問題は手段であり、安倍政権と黒田日銀が行った金融政策は、円の信認を弱める財政ファイナンスに限りなく近いものであった。

先の世界金融危機から既に10年以上の歳月が経過している。この間、日本経済は長年の課題であった政府財政の健全化に取り組むことができなかった。加えて、少子高齢化という構造的な社会変化を踏まえた経済の体質改善、具体的には年金制度や社会保障の見直しは殆ど進まなかった。税と社会保障の一体改革は名ばかりとなっている。

それに加えて、この10年で日本の総人口も減少局面に転じている。移民を受け入れたところで、この流れに本質的な意味で歯止めがかかることはまずない。また貿易立国から投資立国に転じたこともあり、かつてのような円安のメリットも享受できなくなっている。

筆者は第6章で、日本の根強い円安志向には過度な円高性悪説の存在があると述べた。日本の現状を考えれば、本来政府や中銀が注力すべきは円安ではなく、日本円の信認をどう保つかということのはずだ。米欧も通貨安志向が強くなってきたが、類似した課題を持ち、ジャパナイゼーションが進むとしたら、時代を追って日本と同様の課題に直面することになるだろう。

経済成長とは、生産力が持続的に拡大していくこと、つまり拡大再生産を実現することだ。日本はまだ拡大再生産の局面にあるが、実態としては現状の水準を食いとどめる単純再生産（つまりゼロ成長）の段階に差し掛かっている。このまま課題を先送りすれば、経済は縮小再生産に陥ってしまうことになる。それは成長ではなく衰退だ。

日本で米ドルが使われる日、それはまさに日本経済そのものが衰退するときにほかならない。日本は現在先進国であるが、トルコやアルゼンチンのような中所得国になってしまう。両国と異なり人口減少社会である日本の場合、その衰退のテンポは想像以上に早いかもしれない。

改革の痛みを嫌って現世的な利益だけを追い求めるなら、日本は間違いなく通貨危機に陥るだろう。課題の先送りに終始するのではなく、課題の解決にできる限り取り組んでいくことこそが、我々が将来世代のために果たすべき責務であるはずだ。現実を無視するような楽観は、将来世代に対して無責任な態度だと言わざるを得ない。

本書は歴史的なドル高の下で世界的に進んだ「ドル化」という経済現象の分析を通じて、通貨の信認と、通貨の安定を保つことの重要性を論じてきた。そして少子高齢化が進む日本もまた、通貨の安定という観点から経済運営の在り方を見直す時代に差し掛かっているというのが、本書の問いかけである。

あとがき

筆者は一貫して民間のシンクタンクでエコノミスト業務に従事している。民間のエコノミストは通例、ジョブローテーションの中で担当が変わることが多い。ただ筆者の場合、他の経済の調査担当も兼務したことがあるとはいえ、一貫して欧州経済の調査を担当してきた。自分で言うのも変だが、あまりないキャリアを歩んでいる。

一橋大学大学院時代には中東欧、特に西バルカン諸国と呼ばれる欧州の新興国の経済開発をテーマに研究活動を行っていた。その延長線にある形で主に欧州の分析を担うエコノミストとしての道を歩んでいるという意味でも、筆者のキャリアはかなりユニークと言えるかもしれない。

必ずしも国際金融や通貨政策を専門としていない筆者が、今回「ドル化」をテーマに本書を書き下ろすことになった。もっとも中東欧という欧州の新興国の経済開発を研究していた筆者にとって、ドル化という経済現象は非常に身近な問題であった。90年代を通じて経済危機が続いた中東欧諸国では、自国通貨と合わせてユーロが使われていたためだ。

例えば大学4年生であった2005年の春、筆者はボスニア・ヘルツェゴビナの首都サラエボを旅行したことがある。その際、空港から市街地までタクシーで移動したのだが、料金として20ユーロを請求された記憶がある。予め空港で聞いていた相場の二倍の料金であったが、これが筆者にとって初めてのドル化（ユーロ化）の経験であった。

当時のボスニアは紛争の影響が色濃く、社会に殺伐とした雰囲気がありありと残っていた。自国通貨である兌換マルクも問題なく使えたが、一方でユーロを好む人々も多く、非公式なドル化が進んでいた。ちなみにクロアチア系住民が多い地区ではクロアチアの通貨も、セルビア人が多い地区ではセルビアの通貨も流通していた。

筆者が久々にドル化という問題を意識したきっかけは、2018年8月にトルコで生じた通貨危機の調査研究活動をしたことにある。17年1月にロンドンに出張した頃から、欧州ではトルコが通貨危機に陥るのではないかという話で盛り上がっていた。その時期からトルコの政治経済事情を整理し始め、複数のレポートにまとめていった。

実際に18年8月に通貨危機が生じたことを受けて、筆者はトルコの経済都市イスタンブールに調査出張に赴いたが、そこで通貨危機の影響によってドル化が進んだ様相をまざまざと見せつけられた。また経済統計の上でも、ドル化が進んだことがきちんと確認できた。このような状況を前にして、ドル化が持つ問題点をまとめたいと思うに至った次第である。

こうした経緯で執筆した本書であるため、国際金融や通貨政策の専門家の方には大いに不満がある内容だろう。トルコやアルゼンチンの地域研究の専門家が手に取っても不満が残るはずだ。間違いの責任はもちろん筆者にあるが、筆者自身は、そうした専門家の方々を巻き込む議論のきっかけの一つに本書がなってくれたなら良いと願っている。

円高性悪説が刷り込まれている日本では、円安こそが望ましいというイメージを持つ人が多い。しかし少子高齢化や、生産拠点の海外移転が進む現在、円安よりも円高のメリットの方が大きい。そして日本は、先進国最悪の財政を抱えている。それが持続不可能となったとき、円は暴落を余儀なくされる可能性は極めて高い。

その先でドル化という経済現象が生じた場合、日本経済もまたトルコやアルゼンチンのような苦境を味わうことになるかもしれない。実際に両国のようにならなくとも、経済の衰退に拍車がかかっていることは間違いない。ではそのリスクをどうマネジメントすべきなのか、本来はもっと議論されていい問題のはずだ。

海外経済の調査研究活動を行う目的は、海外の事情を知ることだけにあるのではない。

それ以上に重要なのは、海外の経験を帰納的に日本経済に還元することにある。しかし内向き志向を強める日本では、自国の特殊性ばかりを強調する流れが強まる一方で、他国の経済の経験を教訓にしようという機運が非常に薄らいでいる。

筆者はドル化という経済現象を通じ、トルコやアルゼンチン、その他にも欧州やアジアの経験を論じてきたが、言い換えればドル化がそれだけ普遍的な経済現象だということである。ドルが歴史的な高値を付けている現在、こうした流れはますます強まっている。日本だけがドル化を免れる保証など、本来ならどこにもないはずだ。

円高性悪説は本当に正しいのだろうか。景気の長期停滞や先進国で最悪の財政といった要因を考慮した場合、日本円の信認を維持することこそが重要な政策課題ではないだろうか。少なくともいたずらに円安を誘導することではないはずだ。この点を、本書に関心を持たれた方々にはぜひ考えて欲しいと思っている。

本書を執筆するうえでは多くの方々にお世話になった。特に、学士時代の恩師である大月康弘一橋大教授には、後述する筑摩書房の松田健氏を紹介頂き、本書を執筆する機会を紡いで下さった。同窓かつ同郷のよしみということもあり、大月先生は常に筆者に気をかけて下さる。大月先生なくして現在の筆者は存在しないと言えるほど、大きな影響を受けている。

また修士時代の指導教官である、元アジア経済研究所総合研究部長で元一橋大教授の清水学先生のお名前も挙げておきたい。大月先生が筆者に血を下さったとすれば、清水先生が肉を下さったようなものである。南アジア研究からスタートし、中東・中央アジアとフィールドを変えて現代を見据え続ける清水先生から得た刺激は計り知れない。

そして、筆者が現在勤める三菱ＵＦＪリサーチ＆コンサルティングの五十嵐敬喜研究理事のお名前も欠かせない。五十嵐理事による格別のご理解やご配慮を得て、筆者は自適な調査研究活動に邁進できている。五十嵐理事のサポート無くして本書を上程することはできなかった。この場を借りて厚く御礼を申し上げたい。

ほかにも、博士課程時代の恩師である岩崎一郎一橋大教授や同ゼミナールの仲間たちとの議論や会話が本書に活かされている。また前職の浜銀総合研究所や現職の三菱ＵＦＪリサーチ＆コンサルティング調査部の皆さんとの議論もだ。そして三菱ＵＦＪ銀行や日本経済新聞社の関係者の方々などにも大変お世話になっている。記して謝意を表したい。

ご担当頂いた筑摩書房の松田氏と許士氏にも大変お世話になった。著者にとって初の単著となるため、松田氏と許士氏のリードがなければ本書を執筆することはできなかった。

草稿も丹念に読んでもらい、適切な修正のアドバイスも頂戴した。両氏のご尽力無くして本書を書き記すことはできなかった。

　最後に、妻の理恵子と息子の翔介の笑顔が、日頃の筆者の調査研究活動の最大の励みになっている。彼女らに本書を捧げたい。

主要参考文献

日本語文献

伊藤正直（2012）「戦後ハイパー・インフレと中央銀行」『金融研究』日本銀行金融研究所

今井宏平（2017）『トルコ現代史――オスマン帝国崩壊からエルドアンの時代まで』中公新書

宇佐見耕一（2008）「中道左派の集結を図るアルゼンチン・キルチネル政権」遅野井茂雄・宇佐美耕一編『21世紀ラテンアメリカの左派政権：虚像と実像』（アジ研選書No.14）アジア経済研究所／（2005）「経済危機後のアルゼンチン――キルチネル政権の経済・社会政策」『ラテンアメリカ・レポート』アジア経済研究所

奥田英信（2015）「カンボジアのドル化：主要論点と政策展望」『一橋経済学』

白井早由里（2000）『カレンシーボードの経済学』日本評論社

竹田憲史（2007）「通貨・金融危機の発生メカニズムと伝染：グローバル・ゲームによる分析」『金融研究』日本銀行金融研究所

田中素香（2016）『ユーロ危機とギリシャ反乱』岩波新書

土田陽介（2018a）「加速したトルコの「ドル化」～さらなる通貨危機を見越し今後も着実に進む恐れ～」「調査レポート」三菱UFJリサーチ&コンサルティング／（2018b）「ブルガリアが20番目のユーロ導入国になるか」『国際金融』2018年4月号所収／（2019）「ユーロ流通20年の成果と課題～今後10年でユーロの存在感はさらに弱まる方向へ～」「調査レポート」三菱UFJリサーチ&コンサ

ルティング
西島章次（２００３）「アルゼンチンのカレンシー・ボード制と通貨危機」『金融政策レジームと通貨危機：開発途上国の経験と課題』アジア経済研究所
間寧（２００３）「トルコにおける財政赤字とインフレーション」『金融政策レジームと通貨危機：開発途上国の経験と課題』アジア経済研究所
畑瀬真理子（２００１）「最近のドル化（dollarization）・ユーロ化（euroization）を巡る議論について」「海外事務所ワーキングペーパーシリーズ」日本銀行
星野智樹（２０１８）『「ドル化」政策の検証』文眞堂

英語文献

Alvarez-Plata, Patricia and García-Herrero, Alicia. (2008) "To Dollarize or De-dollarize: Consequences for Monetary Policy," *DIW Berlin Discussion Papers*, 842.
Baliño, Tomás *et al*,. (1999) "Monetary Policy in Dollarized Economies," *IMF Occasional Paper*, No.171.
Bebczuk, Ricardo. (2007) "Access to Credit in Argentina," *CEPAL Serie Financiamiento del Desarrollo*, No. 188.
Coats, Warren. (2007) *One Currency for Bosnia: Creating the Central Bank of Bosnia and Herzegovina.*
Celasun, Oya. (1998) "The 1994 Currency Crisis in Turkey," *World Bank Policy Research Working Paper*, 1913.
Englund, Peter. (2015) "The Swedish Banking Crisis: Roots and Consequences," *Oxford Review of Economic Policy*, Vol. 15, No.3, pp. 80–97.

Gulde, Anne-Marie. (1999) "The Role of the Currency Board in Bulgaria's Stabilization," IMF Policy Discussion Paper, 99/3.

Gerschenkron, Alexander. (1952) "Economic Backwardness in Historical Perspective," in Bert F. Hoselitz eds., *The Progress of Underdeveloped Areas*, pp. 3–29.

Hellerstein, Rebecca and Ryan, William. (2009) "Cash Dollars Abroad," *Federal Reserve Bank of New York, Staff Report*, No.400.

Jonung, Lars. (2009) "The Swedish Model for Resolving the Banking Crisis of 1991–93: Seven Reasons Why It was Successful," *European Economy-Economic Papers*, Issue 360.

King, Mervyn. (1994) "Monetary Policy in the UK," *Fiscal Studies*, Vol.15, pp. 109–128.

Mohsen Bahmani-Oskooee and Domaç, Ilker. (2002) "On the Link between Dollarization and Inflation: Evidence from Turkey," *Comparative Economic Studies*, Vol. 45, Issue 3, pp. 306–328.

Tuesta, David *et al*,. (2015) "Financial Inclusion and Its Determinants: the Case of Argentina," *BBVA Research Working Paper*, No.15/03.

Velde, François and Veracierto, Marcelo. (2000) "Dollarization in Argentina," *Federal Reserve Bank of Chicago Economic Perspectives*, Vol. 24, No. 1.

【写真提供】
第１章　spukkato ／ iStock
第２章　HIT1912 ／ PIXTA
第３章　産経新聞社
第４章　毎日新聞社
第５章　Maxiphoto ／ iStock
第６章　毎日新聞社
終　章　ロイター／アフロ

ちくま新書
1443

ドル化《か》とは何《なに》か
――日本《にほん》で米《べい》ドルが使《つか》われる日《ひ》

二〇一九年一〇月一〇日　第一刷発行

著者　土田陽介（つちだ・ようすけ）
発行者　喜入冬子
発行所　株式会社　筑摩書房
東京都台東区蔵前二-五-三　郵便番号一一一-八七五五
電話番号〇三-五六八七-二六〇一（代表）
装幀者　間村俊一
印刷・製本　三松堂印刷　株式会社

ISBN978-4-480-07262-7 C0233

1413 日本経営哲学史 ——特殊性と普遍性の統合 林廣茂
中世から近代まで日本経営哲学の展開をたどり、渋澤栄一、松下幸之助、本田宗一郎ら20世紀の代表的経営者の思想を探究。日本再生への方策を考察する経営哲学全史。

1394 日本が外資に喰われる 中尾茂夫
「資産の壮大な歴史的移転」はなぜ起きたのか。転換点となった不良債権処理ビジネスの力学を解明し、「失われた30年」が物語る日本社会の仕組みを描く。

1368 生産性とは何か ——日本経済の活力を問いなおす 宮川努
停滞にあえぐ日本経済の再生には、生産性向上が必要だ。誤解されがちな「生産性」概念を経済学の観点から捉えなおし、その向上策を詳細なデータと共に論じる。

1305 ファンベース ——支持され、愛され、長く売れ続けるために 佐藤尚之
「ファンベース」とは、ファンを大切にし、ファンをベースにして、中長期的に売上や価値を上げていく考え方である。今、最も大切なマーケティングはこれだ！

1283 ムダな仕事が多い職場 太田肇
日本の会社は仕事にムダが多い。顧客への過剰なサービス、不合理な組織体質への迎合は、なぜ排除されないのか？　ホワイトカラーの働き方に大胆にメスを入れる。

1277 消費大陸アジア ——巨大市場を読みとく 川端基夫
中国、台湾、タイ、インドネシア……いま盛り上がるアジア各国の市場や消費者の特徴・ポイントを豊富な実例で解説する。成功する商品・企業は何が違うのか？

1276 経済学講義 飯田泰之
ミクロ経済学、マクロ経済学、計量経済学の主要3分野をざっくり学べるガイドブック。体系を理解して、大学で教わる経済学のエッセンスをつかみとろう！

ちくま新書

1274 日本人と資本主義の精神 田中修

日本経済の中心で働き続けてきた著者が、日本人の精神から、日本型資本主義の誕生、歩み、衰退の流れを様々な資料から丹念に解き明かす。再構築には何が必要か？

1270 仕事人生のリセットボタン ――転機のレッスン 為末大 中原淳

これまでと同じように仕事をしていて大丈夫？ 右肩上がりではなくなった今後を生きていくために、自分の生き方を振り返り、明日からちょっと変わるための一冊。

1260 金融史がわかれば世界がわかる【新版】 ――「金融力」とは何か 倉都康行

金融取引の相関を網羅的かつ歴史的にとらえ、資本主義がどのように発展してきたかを観察。旧版を大幅に改訂し、実務的な視点から今後の国際金融を展望する。

1138 ルポ 過労社会 ――八時間労働は岩盤規制か 中澤誠

長時間労働が横行しているのに、さらなる規制緩和は必要なのか？ 雇用社会の死角をリポートし、「働きすぎの日本人」の実態を問う。佐々木俊尚氏、今野晴貴氏推薦。

962 通貨を考える 中北徹

「円高はなぜ続くのか」「ユーロ危機はなぜくすぶり続けるのか」。こうした議論の補助線として「財政」と「決済」に光をあて、全く新しい観点から国際金融を問いなおす。

973 本当の経済の話をしよう 若田部昌澄 栗原裕一郎

難解に見える経済学も、整理すれば実は簡単。わかりやすさで定評のある経済学者・若田部昌澄に、気鋭の評論家・栗原裕一郎が挑む、新しいタイプの対話式入門書。

1042 若者を見殺しにする日本経済 原田泰

社会保障ばかり充実させ、若者を犠牲にしている日本経済に未来はない。若年層が積極的に活動し、失敗しても取り返せる活力ある社会につくり直すための経済改革論。

ちくま新書

1069
金融史の真実
――資本システムの一〇〇〇年
倉都康行
懸命に回避を試みても、リスク計算が狂い始めるとき、金融危機は繰り返し起こる。「資本システム」の歴史を概観しながら、その脆弱性と問題点の行方を探る。

959
円のゆくえを問いなおす
――実証的・歴史的にみた日本経済
片岡剛士
なぜデフレと円高は止まらないのか？ このまま日本経済は停滞したままなのか？ 大恐慌から現代へいたる為替と経済政策の分析から、その真実をときあかす。

1427
川上から始めよ
――成功は一行のコピーで決まる
川上徹也
企業の「理念」や「哲学」を一行に凝縮した、旗印となる「川上コピー」。あらゆるビジネス、プロジェクトの成功には欠かせないフレーズを、どう作ればいいのか。

1431
習近平の中国経済
――富強と効率と公正のトリレンマ
石原享一
対米貿易戦争と成長鈍化で中国経済は重大な転機を迎えている。なぜ改革は行き詰まっているのか。中国は凋落していくのか。中国経済の矛盾を見つめ今後を展望する。

1417
対話をデザインする
――伝わるとはどういうことか
細川英雄
対話の基本は「あなた自身にしか話せないこと」を見つけることです。そこから始めて話題設定、他者との関わり、納得と合意の形成まで、対話の根本を考えます。

1404
論理的思考のコアスキル
波頭亮
ホンモノの論理的思考力を確実に習得するための決定版！ 必須のスキル「適切な言語化」「分ける・繋げる」「定量的判断」と具体的トレーニング方法を指南する。

1051
つながる図書館
――コミュニティの核をめざす試み
猪谷千香
公共図書館の様々な取組み。ビジネス支援から町民の手作り図書館、建物の外へ概念を広げる試み……数々の現場を取材すると同時に、今後のありかたを探る。

ちくま新書

1435
失われたアートの謎を解く
青い日記帳監修
《モナ・リザ》盗難、ナチスの美術品犯罪、ラスコーのレプリカなど。欲望や想定外の災難に翻弄された美術の黒歴史を詳細なビジュアルで丹念に浮き彫りにする。

1376
はじめてのアメリカ音楽史
ジェームス・M・バーダマン
里中哲彦
ブルーズ、ジャズ、ソウル、ロックンロール、ヒップホップ……ルーツから現在のアーティストまで、その歴史を徹底的に語りつくす。各ジャンルのアルバム紹介付。

1234
デヴィッド・ボウイ
——変幻するカルト・スター
野中モモ
ジギー・スターダストの煌びやかな衝撃、『レッツ・ダンス』の世界制覇、死の直前に発表された『★』……常に変化し、世界を魅了したボウイの創造の旅をたどる。

1381
大人が愉しむウイスキー入門
輿水精一
殿堂入りブレンダーが贈る、ウイスキーを〝より身近に〟、〝極める〟ための必読書！　激変するウイスキーの最新事情から美味しく呑むコツまで、今宵の一杯のお伴に。

1320
定年後の知的生産術
谷岡一郎
仕事や人生で得た経験を生かして、いまこそ研究に没頭するチャンス。情報の取捨選択法、資料整理術、そして著書の刊行へ。「知」の発信者になるノウハウを開陳。

1432
やりなおし高校地学
——地球と宇宙をまるごと理解する
鎌田浩毅
人類の居場所である地球・宇宙をまるごと学ぼう！　京大人気No.1教授が送る、壮大かつ実用的なエッセンスを集めた入門書。日本人に必須の地学の教養がこの一冊に。

1425
植物はおいしい
——身近な植物の知られざる秘密
田中修
季節ごとの旬の野菜・果物・穀物から驚きの新品種、香りの効能、認知症予防まで、食べる植物の「すごい」「おもしろい」「ふしぎ」な話題を豊富にご紹介します。

ちくま新書

1387
ゲノム編集の光と闇
——人類の未来に何をもたらすか
青野由利
世界を驚愕させた「ゲノム編集ベビー誕生」の発表。生命の設計図を自在に改変する最先端の技術を基礎から解きほぐし、利益と問題点のせめぎ合いを真摯に追う。

1328
遺伝人類学入門
——チンギス・ハンのＤＮＡは何を語るか
太田博樹
古代から現代までのゲノム解析研究が語る、我々のルーツとは。進化とは、遺伝とは、を根本から問いなおし、人類の遺伝子が辿ってきた歴史を縦横無尽に解説する。

785
経済学の名著30
松原隆一郎
スミス、マルクスから、ケインズ、ハイエクを経てセンまで。各時代の危機に対峙することで生まれた古典には混沌とする経済の今を捉えるためのヒントが満ちている！

827
現代語訳 論語と算盤
渋沢栄一
守屋淳訳
資本主義の本質を見抜き、日本実業界の礎となった渋沢栄一。経営・労働・人材育成など、利潤と道徳を調和させる経営哲学には、今なすべき指針がつまっている。

1436
教え学ぶ技術
——問いをいかに編集するのか
苅谷剛彦
石澤麻子
オックスフォード大学の教育法がここに再現！　論理をいかに構築するのか？　問いはどうすれば磨かれるのか？　先生と学生との対話からその技術を摑み取れ。

1416
ハンナ・アーレント
——屹立する思考の全貌
森分大輔
激動の現代史において全体主義や悪と対峙し続けたユダヤ人思想家・アーレント。その思索の全貌を、哲学・政治・思想の各視点から七つの主著を精読し明らかにする。

1409
不道徳的倫理学講義
——人生にとって運とは何か
古田徹也
私たちの人生を大きく左右するにもかかわらず、倫理学では無視されがちな「運」をめぐる是非。それらの議論を古代から現代までをたどり、人間の生の在り方を探る。

1245
アナキズム入門
森元斎
国家なんていらない、ひたすら自由に生きよう――プルードン、バクーニン、クロポトキン、ルクリュ、マフノの思想と活動を生き生きと、確かな知性で描き出す。

1315
大人の恐竜図鑑
北村雄一
陸海空を制覇した恐竜の最新研究の成果と雄姿を再現。日本で発見された化石、ブロントサウルスの名前が消えた理由、ティラノサウルスはどれほど強かったか……。

1135
ひらく美術
――地域と人間のつながりを取り戻す
北川フラム
文化で地方を豊かにするためにはどうすればいいのか。約50万人が訪れる「大地の芸術祭　越後妻有アートトリエンナーレ」総合ディレクターによる地域活性化論！

1282
素晴らしき洞窟探検の世界
吉田勝次
狭い、暗い、死ぬほど危ない……それでも洞窟に入るのはなぜなのか？　話題の洞窟探検家が、未踏洞窟の探検や世界中の洞窟を語る。洞窟写真の美麗カラー口絵付。

1141
これでいいのだ！　瀬尾ごはん
――台所まわりの哲学〈カラー新書〉
瀬尾幸子
料理は、がんばらなくていい。些細な料理だからこそ、素材の旨さも生きるし、心身がほっとして活力がわく！今日から台所に立つための、入門書。

1336
対人距離がわからない
――どうしてあの人はうまくいくのか？
岡田尊司
ほどよい対人距離と親密さは、幸福な人間関係を維持していくための重要な鍵だ。臨床データが教える、社会にうまく適応し、成功と幸福を手に入れる技術とは。

1424
キリスト教と日本人
――宣教史から信仰の本質を問う
石川明人
日本人の99％はなぜキリスト教を信じないのか？　宣教師たちの言動や、日本人のキリスト教に対する複雑な眼差しを糸口に宗教についての固定観念を問い直す。

ちくま新書

1428
アフリカを見る アフリカから見る
白戸圭一

もはやアフリカは哀れみの目で「援助」する対象ではない。アフリカ諸国の過去と現在をどうとらえ、日本はどうかかわっていくべきか。篠田英朗氏との対談も収録。

1429
露出する女子、覗き見る女子
――SNSとアプリに現れる新階層
三浦展
天笠邦一

今、格差はスマホの中にあった！ 20―30代女性5442人を徹底調査。所得・仕事・結婚による階層間の断絶を、SNSやアプリの利用実態から読み解く。

1422
教育格差
――階層・地域・学歴
松岡亮二

親の学歴や居住地域など「生まれ」によって、子どもの学歴・未来は大きく変わる。本書は、就学前から高校まで教育格差を緻密に検証し、採るべき対策を提案する。

1414
武器としての世論調査
――社会をとらえ、未来を変える
三春充希

内閣支持率は西高東低。野党支持は若年層で伸び悩み。世論調査を精緻に見ていけば、この社会の全体像が見えてくる。仕組みの理解から選挙への応用まで！

1384
思いつきで世界は進む
――「遠い地平、低い視点」で考えた50のこと
橋本治

「あんな時代もあったね」とでは済まされないここ数年の怒濤の展開。日本も世界も「思いつき」で進んではいないか？ アナ雪からトランプまで縦横無尽の時評集。

1371
アンダークラス
――新たな下層階級の出現
橋本健二

就業人口の15％が平均年収186万円。この階級の人々はどのように生きているのか？ 若年・中年、女性、高齢者とケースにあわせ、その実態を明らかにする。

1423
ヒューマンエラーの心理学
一川誠

仕事も勉強も災害避難の判断も宝くじも、直感はもちろん熟考さえも当てにならない。なぜ間違えてしまうのか。錯覚・錯視の不思議から認知バイアスの危険まで。

ちくま新書

1146
戦後入門
加藤典洋
日本はなぜ「戦後」を終わらせられないのか。その核心にある「対米従属」「ねじれ」の問題の起源を世界戦争に探り、憲法九条の平和原則の強化による打開案を示す。

1398
感情天皇論
大塚英志
被災地で、戦場跡で、頭を垂れ祈る――。明仁天皇の「象徴としての行為」を国民のため心をすり減らす「感情労働」と捉え、その誕生から安楽死までを読みとく。

936
神も仏も大好きな日本人
島田裕巳
日本人はなぜ、無宗教と思いこんでいるのか？　神道と仏教がどのように融合し、分離されたか、その歴史をたどることで、日本人の隠された宗教観をあぶり出す。

1354
国語教育の危機
――大学入学共通テストと新学習指導要領
紅野謙介
二〇二一年より導入される大学入学共通テスト。高校国語教科書の編集に携わってきた著者が、そのプレテスト問題を分析し、看過できない内容にメスを入れる。

847
成熟日本への進路
――「成長論」から「分配論」へ
波頭亮
日本は成長期を終え成熟フェーズに入った。旧来の成長モデルの政策も制度ももはや無効であり改革は急務である。国民が真に幸せだと思える国家ビジョンを緊急提言。

1038
１９９５年
速水健朗
１９９５年に、何が終わり、何が始まったのか。大震災とオウム事件の起きた「時代の転機」を読みとき、その全貌を描く現代史！　現代日本は、ここから始まる。

1401
大阪
――都市の記憶を掘り起こす
加藤政洋
梅田地下街の迷宮、ミナミの賑わい、２０２５年万博の舞台「夢洲」……気鋭の地理学者が街々を歩き、織田作之助らの作品を読み、思考し、この大都市の物語を語る。